Rudolf Steiners Mysteriendramen

Betrachtungen

auf Grund von Notizen aus Mathilde Scholls Nachlass

Der Seelen Erwachen

IV

HUGO REIMANN

PHILOSOPHISCH-ANTHROPOSOPHISCHER VERLAG
GOETHEANUM/DORNACH (SCHWEIZ)

Einbandgestaltung von Werner Kehlert

4. durchgesehene Auflage 1977

Copyright 1977 by Philosophisch-Anthroposophischer Verlag,
Dornach / Schweiz
Ameba-Druck AG, Basel
Buchbinderei Henssler, Basel
ISBN 3-7235-0193-1

Inhalt

* Die im Text angegebenen Literaturhinweise (Seitenzahlen) beziehen sich auf die früher im Philosophisch-Anthroposophischen Verlag herausgegebenen Schriften.

Erstes Bild

In den vorangehenden Mysteriendramen wird vor allem die innere Entwicklung einzelner Persönlichkeiten in ihrem Schicksalszusammenhang dargestellt, und es wird dabei auf die Hindernisse solch einer Entwicklung hingewiesen. Zu Beginn des vierten Mysteriendramas sehen wir, was für Hindernisse auftreten, wenn versucht wird, die aus individueller Einweihung hervorgehenden Geistes-Impulse im sozialen Leben wirksam werden zu lassen.

Hilarius Gottgetreu hat es unternommen, seinen Wirtschaftsbetrieb in diesem Sinne umzugestalten. Dies führt dazu, dass die Leistungen in der Art des bisherigen Wirkens abnehmen. Darüber unterhalten sich zu Beginn des Dramas der Bureauchef und der Sekretär, und es erfüllt sie mit grosser Sorge. Dann tritt Hilarius Gottgetreu selbst ein, und der Bureauchef beginnt sogleich ein ernstes Gespräch mit ihm, um ihm die Besorgnis erregenden Symptome mitzuteilen. Hilarius ist nicht davon überrascht; denn er hat vorausgesehen, dass dies eintreten muss. Er hat schon oftmals zum Bureauchef gesagt:

> Wer Neues schaffen will, der muss gelassen
> Des Alten Untergang erleben können.

Jetzt gibt er ihm näheren Aufschluss über sein Vorhaben und dessen Gründe. Seit ihm bekannt geworden ist,

> Welch edle Form die Arbeit finden kann,
> Wenn Geistesmenschen ihr die Prägung geben,

erscheint ihm würdelos der

> Erwerb, der nur im engsten Kreise lebt
> Und bloss gedankenlos die Arbeitsleistung
> Dem Markt des Erdenlebens überliefert,
> Ganz ohne Sorge, was aus ihr dann wird.

Mit diesen Worten ist die moderne, auf Arbeitsteilung beruhende Erwerbswirtschaft charakterisiert, deren Triebkraft das individuelle Gewinnstreben ist und deren Ordnungsprinzip ein mechanisch vorgestelltes Zusammenwirken von Angebot und Nachfrage sein soll. Als ein Mittel zur Überwindung des Menschenunwürdigen dieser Wirtschaftsform erwähnt Hilarius die Gestaltung der Arbeit durch die Kunst, womit er bereits Johannes Thomasius beauftragt hat. Der Bureauchef versucht die gegenwärtige Wirtschaftsweise als diejenige hinzustellen, die dem Geiste unserer Zeit angemessen ist, indem er sagt:

Es muss doch heute jede Leistung streng
Im engsten Kreise nach Vollendung streben.
Die Mächte, die im Leben unpersönlich
Den Teil ins Ganze wirksam strömen lassen,
Sie geben jedem Glied gedankenlos
Den Wert, den Weisheit ihm nicht schenken kann.

Wir begegnen hier der so oft anzutreffenden Einstellung, dass die jeweiligen Formen des sozialen Lebens für unabänderlich gehalten werden. Die Anwendung naturwissenschaftlicher Denkweise auf das soziale Leben verleitet dazu, die Gesetzmässigkeiten menschlicher Einrichtungen wie Naturgesetze zu behandeln. Die moralische Phantasie, die erforderlich ist, um das soziale Leben menschenwürdiger zu gestalten, wird von einseitigen Vertretern dieser Denkweise nicht berücksichtigt. Der Bureauchef hält es nicht für möglich, dass der Mensch gefunden werden könne, der imstande sei, Hilarius Gottgetreus Plan zu verwirklichen. Dieser ist überzeugt, ihn in Strader gefunden zu haben. Die Einwände, die der Bureauchef gegen Strader vorbringen kann, zeigen schliesslich doch Bewunderung für dessen Fähigkeiten, und er muss zugeben, dass Straders bisherige Misserfolge nicht durch ihn selber verschuldet, sondern durch äussere Hindernisse herbeigeführt sind. Als nächster Einwand des Bureauchefs kommt die Frage:

Wer soll in Zukunft eure Leistung schätzen
Und wer Verständnis euch so weit bezeugen,
Dass er Gebrauch von eurer Arbeit macht?

Hilarius ist sich bewusst, dass Verständnis für die neue Art der Produktion erst geweckt werden muss. Er vertraut darauf, dass Benedictus, Capesius und Maria als Vertreter des Geisteslebens imstande sein werden, die Bedürfnisse der Menschen in einer ihrem wahren Wesen entsprechenden Art zu wandeln, dass ihnen die Durchdringung des Sinnesseins mit Geistesoffenbarung zum Bedürfnis werde. Darauf macht der Bureauchef den Einwand, dass damit doch nur ein kleiner Menschenkreis beglückt sein werde, der sich von der Welt abschliesse und einen Gruppen-Egoismus pflege.

Hilarius Gottgetreu versteht „Erfolg" in einem anderen Sinne als der Bureauchef. Das bringt er zum Ausdruck in den Worten:

> Es mag misslingen, was mir wertvoll scheint;
> Doch selbst, wenn alle Welt es nur verachtet
> Und es deshalb in sich zerfallen muss,
> So war es doch einmal von Menschenseelen
> Als Vorbild auf der Erde hingestellt.
> Es wird im Leben geistig weiter wirken,
> Selbst wenn es sich im Sinnesein nicht hält.
> Es wird ein Teil der Kraft in ihm geschaffen,
> Die endlich zur Vermählung führen muss
> Von Geisteszielen und von Sinnestaten;
> So kündet es die Geisteswissenschaft.

Die Geisteskraft entfaltet sich in der Auseinandersetzung mit den Widerständen und wird sie schliesslich doch überdauern und besiegen.

Nun erwähnt der Bureauchef, dass er selbst sich mit Geisteswissenschaft befasst und dabei erkannt hat, wie schwer es für gewisse Seelen ist, Wahn von Wirklichkeit zu unterscheiden, wenn sie im Geistgebiete heimisch geworden sind und dann zum Sinnesein zurückkehren, und er gibt der Befürchtung Ausdruck, dass die Freunde Gottgetreus einem Wahn verfallen sein mögen. Er selbst will nur dann mithelfen, wenn das Wirken auf Gründen des Erdenlebens beruht.

Während der Bureauchef seine Bedenken äussert, tritt Strader ein. Hilarius teilt ihm sogleich mit, dass sein Plan dem Bureauchef nicht heilsam erscheint. Strader weiss, wie dringend nötig dessen Mitwirken für das Gelingen des Vorhabens ist, und er sagt daher:

> Es kann der Plan uns doch nur dann gelingen,
> Wenn altbewährte Lebenskunst den Bund
> Mit Zukunftszielen weise schliessen mag.

Der Bureauchef bekundet seinen Willen, sich von der Ausführung des Planes fernzuhalten, und er beabsichtigt auch, seinen Freunden die Aussichtslosigkeit des Vorhabens zu beweisen. Strader versucht, seine Haltung zu verstehen. Es ist ihm begreiflich, dass sein erster Misserfolg den Glauben daran zerstören konnte, dass der Geist die Quellen wahrer Erdenschöpfung berge. Ihm selbst gibt dieser Misserfolg die Kraft, in Zukunft den Irrtum zu vermeiden. Er hat erfahren, dass der Bureauchef feinsinnig sich an allem Geistesleben beteiligt und ihm auch fördernd Zeit und Kräfte widmet, aber dass er die Lebensarbeit streng scheiden möchte „vom Geistesstreben, das aus eigenen Kräften im Seelenleben schaffend wirken will". Strader jedoch gehört der Geistesströmung an, deren Ziel es ist:

> Zu binden, was der Geist dem Geiste wirkt,
> An Werke, die im Sinnensein erstehn.

Der Bureauchef zeigt durch seine Antwort, dass er seine Haltung im Geisteswissen begründet glaubt. Strader hingegen muss dies als einen Geisteswissens-Irrtum ansehen, der sich im Bureauchef seiner Ansicht feindlich entgegenstellt. Gegenüber dieser Tatsache muss er sich auf grössere Schwierigkeiten gefasst machen. Das bringt er zum Ausdruck in den Worten:

> Es wird wohl leicht dem Geistesforscher glücken
> Mit Menschen sich zur Arbeit zu verbinden,
> Die aus Natur und Leben sich vorher
> Vom Sinn des Daseins unterweisen liessen.
> Doch wenn Gedanken, die aus Geistesquellen
> Geschöpft sein wollen, sich mit Widerstreben
> Mit andern gleichen Ursprungs einen sollen,
> Ist Harmonie nur selten zu erhoffen.

Nach einigem stillen Nachdenken fügt er hinzu:

> Doch wird geschehen, was geschehen muss.
> Es wird erneute Prüfung meiner Pläne —
> *Vielleicht* die Ansicht wandeln, die ihr euch
> Beim ersten Überdenken bilden musstet.

An die Worte „Doch wird geschehen, was geschehen muss" knüpft Rudolf Steiner im Zyklus „Die Geheimnisse der Schwelle" Betrachtungen, die das ganze Drama betreffen, indem er sagt: „Denn Sie werden sehen, wenn Sie versuchen, immer tiefer und tiefer auch wiederum in der ‚Seelen Erwachen' einzudringen, dass Ihnen manches von den Geheimnissen des Daseins aufgehen wird, dass Sie sagen werden: Diese Dinge sind wirklich da zur Offenbarung und Enthüllung dieser Geheimnisse. Ich mache Sie z. B. aufmerksam: Versuchen Sie, meditativ weiter zu erleben das, was in der ‚Seelen Erwachen‘ dargestellt ist. Es ist deutlich von dem dritten Bilde von der ‚Seelen Erwachen‘ angefangen, dargestellt; aber andeutungsweise schon von jenen Worten, die Strader spricht zum Bureauchef: ‚Es wird geschehen, was geschehen muss‘ — aus denen der Bureauchef etwas wie ein Raunen der geistigen Welt hört, wodurch seine Geistesschülerschaft beginnt; mehr oder weniger andeutungsweise ist es da dargestellt; aber vom dritten Bilde ab sehen wir, wie allmählich immer deutlicher heranrücken die Stimmungen, die Kräfte, welche den Tod des Strader vorbereiten ... Und wenn Sie das zusammenhalten mit dem, was ausgeführt worden ist über Ahriman als den Herrn des Todes, dann werden Sie zu immer tieferen und tieferen in die geistigen Geheimnisse hineinkommenden Erkenntnissen gelangen, besonders wenn Sie in Betracht ziehen, wie Ahriman hineinspielt in die Stimmung des Dramas, die unter dem Einfluss der Todesimpulse Straders steht.“ (Vortr. 8)

Diese Worte zeigen sehr eindrücklich, dass bei der Umwandlung der Sinneswelt durch Geistesimpulse vor allem Ahriman als Gegner auftritt, so dass von den Wirkenden die Bereitschaft zum Märtyrertum zu erwarten ist. Dies hat auch Bedeutung für die ganze anthroposophische Bewegung. Die Umwandlung der Sinneswelt durch Geistesimpulse gehört zu ihren wichtigsten Aufgaben und erfordert grösste Verantwortung. Das betont Rudolf Steiner im selben Vortrag, indem er sagt: „Man muss daran denken, wie das richtige Hineinstellen dieser Bewegung in die Gegenwart, in dieses chaotische Getriebe der Gegenwartskultur ist. Man wird erst dann klare, wachsame Gedanken über dieses Hineingestelltsein entwickeln können, wenn man vor allen Dingen eines ins Auge fasst. Das ist, dass unsere Kultur ganz gewiss veröden und verdorren wird, wenn sie jene Auffrischung nicht erlangt, die aus den Quellen des ernst und echt gemeinten Okkultismus kommt. Aber auf der andern Seite wird gerade ein solcher Vortragszyklus, der ja die *Notwendigkeit* des Hinwendens zur Geisteswissenschaft vielleicht hat erkennen lassen auf der einen Seite, es wird dieser etwas anderes uns nahelegen, jeder einzelnen Seele von uns nahelegen können. Das ist das, was man bezeichnen könnte mit Verantwortlichkeitsgefühl. — Gar mancherlei von dem, was verknüpft ist, meine lieben Freunde, mit dem Fühlen dieser Verantwortung und dem Hineinschauen in die Art und Weise, wie sich diese unsere notwendige, so unerlässliche Bewegung auch mit den Schattenseiten und Fehlern geltend macht; gar mancherlei von dem prägt sich tief in die Untergründe der Seele hinunter, und man erlebt da so manches dann angesichts der Art, wie unsere Bewegung sein sollte und wie sie ganz selbstverständlicherweise ja heute erst sein kann, was vielleicht kaum mit Worten ausgesprochen werden kann, was auch am liebsten der, der es voll empfunden in der Seele trägt, nicht ausspricht — denn so empfunden lastet manchmal diese Verantwortung auf den Seelen, und so empfunden erscheint es erst in dem recht beklagenswerten Lichte, wenn auf so vielen Seiten heute die Okkultismen auftauchen und so wenig von diesem Verantwortungsgefühl vorhanden ist. Denn wenn man wirklich um des Heiles des Entwicklungsganges der Menschheit willen als das Schönste, als das Grösste, das der Gegenwart und nächsten Zukunft passieren kann, anschauen möchte auf der einen Seite das Aufblühen der theosophischen Weistümer, so möchte man doch auch auf der anderen Seite als das Herrlichste, Schönste, das oft Befriedigendste begrüssen, wenn auch das käme: wenn man sehen würde, wie die Ströme des Verantwortungsgefühls in jeder einzelnen Seele erwachen, die ergriffen wird von unserer Geisteswissenschaft. Und mehr noch möchte man schätzen dieses Auftauchen des Verantwortlichkeitsgefühls... Gar mancher, der es empfindet, dieses Verantwortlichkeitsgefühl, der würde es gewissermassen leichter tragen können, wenn er ein solches Echo im Verantwortlichkeitsgefühl vielfältiger wahrnehmen könnte. Doch da gibt es viele Dinge, in bezug auf welche man sich, meine lieben Freunde, Zukunftshoffnungen, Zukunftserwartungen hingeben muss, in bezug auf welche man leben muss in dem Glauben und in dem Vertrauen, dass das Rechte und Wahre die Menschenseele durch seinen eigenen Wert ergreifen werde und dass wirklich geschehen werde, was geschehen muss."

Hier wird nun besonders auch auf die Geisteswissens-Irrtümer hingewiesen, die noch grössere Schwierigkeiten machen können als das Festhalten am Bestehenden.

Zweites Bild

Im zweiten Bilde des Dramas sehen wir, wie Johannes beim Nachlassen des Verantwortungsbewusstseins in einen Zustand gerät, der als Geistesschlaf bezeichnet werden kann. Er befindet sich in einer Gebirgslandschaft nicht weit von der ihm von Hilarius zugedachten Arbeitsstätte. Im Geniessen der Natur-Offenbarung entschwindet ihm das Bewusstsein der Selbstverantwortung. Er fällt zurück in den bereits überwundenen Zustand des Gefühls vollständiger Abhängigkeit von Maria, und er empfindet ein Wohlgefühl bei der Vorstellung, dass sie sein künstlerisches Schaffen impulsiert und sein Denken lenkt. Indem er sich vorstellt, dass Maria in seinem Denken anwesend ist, erscheint sie seiner Geistesschau wie ein Gedanke und nimmt den Ausdruck ihres wahren Wesens an, das anders ist, als er es mit seinen subjektiven Wünschen schauen möchte. Dies Bild von Maria macht einen ernüchternden Eindruck auf sein gefühlstrunkenes Innenleben. Dann entschwindet es seinem Schauen. Wieder denkt er an Maria mit den Gefühlen, die er ihr früher entgegenbrachte. Da bemerkt er, dass er sich selbst seither ja auch verwandelt hat. Aber er hat Sehnsucht nach seinem früheren Wesen. Nun erscheint Maria wieder seinem Schauen und sagt zu ihm:

> Maria, so wie du sie schauen willst,
> Ist sie in Welten nicht, wo Wahrheit leuchtet.
> In Truges Reichen webt Johannes' Geist
> Vom Seelenwahn verführt; — befreie dich
> Von Wunschesmächten, welche dich verlocken.

Dann macht sie ihn darauf aufmerksam, dass seine Wünsche einen Seelensturm erzeugen, der auch ihr die Ruhe raubt, und dass dieser Sturm von einem Wesen bewirkt wird, das er längst besiegt hat, das aber jetzt noch als Wahn die Geistesweiten durcheilt.

Nun erkennt Johannes deutlich, dass auf diese Weise Marias wahres Wesen sich ihm offenbart und sein eigenes

11

wahres Wesen anspricht. Er sieht ein, dass er selbst sich bereits zu anderem Sein erhoben hat, als es ihm das Traumes-Gaukelspiel jetzt eben malte, weil er in träger Ruhe seine Seele behaglich dämmern liess. Aber er bemerkt auch, dass er noch seinem wahren Selbst entfliehen kann und die Neigung dazu hat. Während er den Wunsch hegt, so zu sein, wie er früher gewesen ist, erscheinen Maria und Benedictus seiner Geistesschau. Beide sprechen sein höheres Selbst an. (Man könnte auch sagen, sein eigenes höheres Selbst offenbare sich durch diese beiden Gestalten.) Die Gestalt des Benedictus erinnert ihn daran, dass der höhere Mensch, der als seines Wesens Urgewalt erstanden ist und ihn geistig erfüllt, mit ihm verbunden bleiben und fordern müsse, des höhern Wesens Kräfte in seinem Wollen menschlich zu erschaffen, d. h. sie zum Erdenwirken hinzuwenden. Das sei erforderlich, damit er werden könne, was er als fernes Zukunftsziel des eigenen Wesens erkenne. Er werde sich selbst gewinnen, wenn er sich mutig stets mehr von seinem höheren Wesen besitzen lasse. Die in der Geistesschau erscheinende Gestalt Marias bringt Johannes zum Bewusstsein, dass die Kraft ihres heilig-ernsten Gelöbnisses ihm erhalten soll, was er errungen hat. Gemeint ist das Gelöbnis, von allem Wissen die Eigenliebe entfernt zu halten und die Früchte der Erkenntnis den Göttern hinzuopfern. Mit dieser Opferbereitschaft bewahrt sich das höhere Selbst „in kalten Eisgefilden, wo Geister sich das Licht erschaffen müssen, wenn Finternisse Lebenskräfte lähmen" und in Weltengründen, „wo Seelen das Götterfühlen sich erkämpfen müssen durch Siege, die vom Nichts das Sein ertrotzen". Aber nicht zu finden ist Marias wahres Wesen im Schattenreich,

> Wo abgelebtes Seelenleben sich
> Aus Wahneswesen flüchtig Sein erlistet
> Und Traumesgaukelspiel den Geist umspinnt,
> Weil er geniessend sich vergessen will
> Und *Ernst* ihm unbehaglich scheinen kann.

Obwohl Johannes durch die Geistesschau, die ihm dies offenbart, Wahn und Wirklichkeit im eigenen Seelenleben unterscheiden lernt, will er sich dennoch dem Wahne hingeben, weil er ihm schön erscheint und er sich wohl darin fühlt.

Dies Innererlebnis des Johannes ist von Capesius, der sich unterdessen in seiner Nähe befand, in Geistesschau miterlebt worden. Er misst dem Miterleben besondere Bedeutung bei, weil er von Benedictus erfahren hat, dass etwas Derartiges für kurze Zeit möglich sein könne, wenn jemand vom Schicksal gnädig ausersehen sei, eine Stufe auf dem Geistespfade erhöht zu werden, und das bezieht er nun auf sich. Durch ein kurzes Gespräch mit Johannes wird er in seiner Annahme, wahr geschaut zu haben, bestärkt. Dann kommt Maria herbei und hofft Johannes anzutreffen, weil sie die Ahnung hat, er brauche ihre geistige Hilfe. Sie trifft zuerst Capesius an, von dem sie glaubte, er habe sich bereits dem schönen Wirkensziele des Hilarius hingegeben. Er selbst erklärt ihr, dass dies Ziel ihn jetzt störe. Sie wundert sich darüber; denn sie hat erlebt, wie beglückt er durch die Hoffnung auf das Arbeitsziel gewesen ist. Nun hat er seinen Sinn geändert, weil er glaubt, jedes Erdenwirken müsste ihn der neu erwachten Seherkräfte berauben, die er soeben im Belauschen der Seele des Johannes erlebt hat. Dies Erlebnis betrachtet er als einen Schicksalswink, der die Änderung seiner Haltung rechtfertigen soll. Darauf charakterisiert Maria das rechte Verhalten gegenüber Schicksalswinken durch folgende Worte:

Wer Geistespfade hat beschreiten dürfen,
Erlebt so mancher Schicksalszeichen Winke. —
Er wird auf Seelenwegen ihnen folgen,
Doch können sie nicht recht gedeutet sein,
Wenn sie die wahren Erdenpflichten stören.

Capesius verfällt darauf in ein kurzes Sinnen, währenddessen für Marias Geistesschau Luzifer erscheint und ihr offenbart, dass sein Einfluss Capesius vom „liebewarmen Erdenwerke" abwendet. Maria versucht, Capesius für das Mitwirken an der geplanten Arbeit zurückzugewinnen, indem sie sagt, dass ja von ihm nicht ein äusseres Wirken wie von Johannes erwartet wird, sondern die Verkündigung des Geisteswissens, so dass er dabei nicht die Art seines bisherigen Wirkens verlassen muss. Capesius jedoch wendet ein, dass die Geisteskraft sich in Worten noch mehr verliere als im äusseren Werke, da man das geistig Geschaute nur dann in Worten ausdrücken könne, wenn man es begreife. Begriffe aber seien den Seherkräften feindlich. Er glaubt, die Seele des Johannes habe sich nur deshalb seiner Geistesschau erschliessen können, weil er sie nie ganz begriffen habe. In der Meinung, dass diese Anschauung wahr sein müsse, wenn seine Geistesschau sich als richtig erweise, fragt er Johannes direkt, ob er nicht vorhin abgelebte Seelenwünsche wie gegenwärtiges Selbst in sich erlebt habe. Johannes antwortet:

> So kann sich meines Geistes Wirrnis wirksam
> In fremder Seele als Erlebnis schaffen?
> Und Schauen macht den Irrtum stark, dass er
> Den Weg ins Weltenwerden finden kann?

Dann verfällt Johannes wieder in sein Sinnen, und Maria erfährt durch Geistesschau, dass Luzifer auch in seiner Seele Eingang findet.

Capesius sieht in Johannes' Antwort die Bestätigung seiner Geistesschau, und er glaubt, dass damit auch seine Anschauung über das rechte Verhalten des Geistesforschers bestätigt sei. Obwohl er sich darin in einem Irrtum befindet, vertritt er diesen Irrtum jetzt mit der Sicherheit des auf Geistesschau gegründeten Wissens. Das kommt zum Ausdruck in seinen Worten:

> Der Zweifel flieht — ich habe wahr geschaut;
> Johannes lebte, was ich sehen durfte.
> So ist auch klar, dass seine Welt sich mir
> Nur öffnen konnte, weil die meine sich
> *Begreifend* nie der seinen nahen wollte.
> Der Geistesweg verlangt nach Einsamkeit; —
> Zusammenwirken können Menschen nur,
> Die sich begreifend gegenüberstehen.
> Von Menschenwesen fern erreicht die Seele
> Der Lichteswelten weite Daseinskreise.

Capesius will sich Vater Felix zum Vorbild nehmen, der „in stolzer Einsamkeit" das Geisteslicht sucht. Mit Erdenwirken will er seine Seherkraft nicht belasten, und daher will er bei dem Werke, das Hilarius plant, nicht mithelfen. So stellt sich auch hier, ebenso wie beim Bureauchef, ein Geisteswissens-Irrtum dem Liebeswerke feindlich entgegen.

Beim Auftreten des Geisteswissens-Irrtums versinkt das höhere Selbst des Menschen in Geistesschlaf. Anschliessend an die Worte des Capesius sagt Maria:

14

So ist's mit Menschen, wenn das bessre Selbst
In Geistesschlaf versinkt und Wunschesmächte
Sein Wesen nähren, bis Erwachen wieder
Mit Licht erhellt die wahre Geistnatur.
So ist der Schlaf, den alle Menschen schlafen,
Bevor die Seherkräfte sie geweckt.
Sie wissen nichts von diesem wachend Schlafen;
Sie scheinen wachend — weil sie *immer* schlafen.
Der Seher schläft, wenn er zu diesem Wachen
Aus seinem wahren Sein heraus sich drängt.

Im 8. Vortrag des Zyklus „Die Geheimnisse der Schwelle"
sagt Rudolf Steiner zu dieser Stelle des Dramas: „Wer sich
hellseherisch hineinlebt in die höheren Welten, weiss, dass
das richtig ist, was Maria in ‚Der Seelen Erwachen' sagt, dass
eigentlich das gewöhnliche sinnliche Bewusstsein, das der
Mensch auf dem physischen Plan hat, gegenüber dem Erleben
und Erfühlen in den höheren Welten eine Art Schlaf ist, und
dass das Hineintreten in die höheren Welten ein Aufwachen
ist. Durchaus richtig und wahr ist es, dass die Menschen innerhalb der physischen Welt gegenüber dem Erleben der höheren
Welten schlafen, und dass sie den Schlaf nur nicht fühlen, weil
sie *immer* schlafen. Wenn es also in den geistigen Welten ein
Aufwachen in erstarktem Selbstgefühl ist, was die hellseherische
Seele erlebt, wenn sie über die Schwelle der geistigen Welt
tritt, so ist auf der anderen Seite das Aufwachen des Selbstes
in der physischen Welt enthalten in der Liebe, in jener Liebe,
die in einem der ersten Vorträge charakterisiert worden ist so,
wo ich sagen musste: Die Liebe, die um der Eigenschaften
und Merkmale des Geliebten willen da ist, das ist die Liebe, die
beschützt ist vor luziferischen und ahrimanischen Einflüssen,
das ist die Liebe, die innerhalb der physisch-sinnlichen Welt
wirklich unter dem Einfluss der guten, fortschreitenden Gewalten des Daseins stehen kann. Wie es sich mit dieser Liebe
verhält, zeigt sich insbesondere in den Erfahrungen des hellsichtigen Bewusstseins. Dasjenige, was man an Egoismus aus-
bildet in der physischen Welt und worüber man sich so ungern
Selbsterkenntnis verschafft, das zeigt sich, wenn man es hinauf-
trägt in die geistigen Welten."

Wirklich wach kann der Mensch nur dann in die geistige
Welt eintreten, wenn er im Erdenwirken die Kraft der geistigen

Liebe entfaltet. Diese ist anwesend im reinen Denken beim selbstlos objektiven Erkennen, in der moralischen Phantasie beim selbstlosen Bilden der Absichtsvorstellungen und im entsprechenden Handeln. Ein Sich-Abschliessen von der äusseren Welt, wie Capesius es sucht, bewirkt Geistesschlaf.

Maria erkennt, dass Capesius nicht durch ein flüchtiges Wollen, sondern durch Schicksalsmacht von den Erdenzielen weggezogen wird. Indem sie dies Johannes mitteilt, versucht sie, ihn zu grösserer Aktivität anzuregen. Johannes glaubt jedoch, dass seine Seele ebenso wie die des Capesius den Geistesschlaf braucht. Da spricht Maria ihn mit Worten an, die wie Weckrufe zu seinem wahren Selbst hindringen und an seine Fähigkeiten der höheren Erkenntnis appellieren. Auf den Anruf „Die Geisteskräfte kommen — rufe sie! —" folgen die Worte:

> In Geistesweltengründe lenk' den Blick
> Und warte, bis die Kräfte in den Tiefen
> Empfinden, was in deinem eignen Selbst
> Mit ihrem Wesen wahlverwandt sich regt.
> Sie zaubern dir vor deine Seheraugen,
> Was sie und dich zur Einheit werden lässt.

Damit wird die Imaginations-Fähigkeit angesprochen. Anschliessend sagt Maria:

> Verbanne eignen Sinnes störend Sprechen,
> So spricht der Geist in dir mit Geisteswesen;
> Und diesem Geistersprechen höre zu.

Das deutet auf die Fähigkeit der Inspiration. Zur Intuition führen dann die Worte:

> Es trägt dich zu den Lichtessphären hin,
> Und bindet dich an Geisteswesenheit.

Die anschliessenden Worte zeigen, wie beim Erwachen dieser Fähigkeiten die Erinnerung sich in Geistesschau wandelt:

> Was dir aus abgelebten Zeiten dämmert
> Erscheint dir dann im Weltenlichte deutlich;
> Und zwingt dich nicht, weil du es lenken kannst.
> Vergleich es mit der Elemente Wesen,
> Mit Schatten und mit Schemen aller Art,
> Auch stell' es neben mancherlei Dämonen,
> Und so erfahre, was es wirklich gilt.

Die Umwandlung der Gedächtniskraft zur Geistesschau

als Wahrnehmung der Elementarwesen beschreibt Rudolf Steiner im Zyklus „Inneres Wesen des Menschen…" mit folgenden Worten: „Diese gleichsam ins Geistige umgewandelte Gedächtniskraft erwacht als eine erste geistig-seelische Kraft in uns… Und indem diese Seelenkraft heranwächst, zeigt sich uns eben, dass hinter den Gedanken, die, während wir auf dem physischen Plan waren, nur Schattenbilder waren, Lebendiges steckt, das ein Leben und Weben in der Gedankenwelt ist. Wir werden gewahr, dass das, was wir innerhalb des physischen Leibes als unser Gedanken-Tableau haben, dass das eben nur ein Schattenbild ist, dass es in Wahrheit eine Summe, eine Ausbreitung von Elementarwesen ist. Wir sehen gleichsam unsere Erinnerungen abglimmen und sehen dafür aus dem allgemeinen Weisheits-Kosmos heraus eine ganze Anzahl von Elementarwesen erwachsen… Sind wir aus dem physischen Leibe heraus, dann sehen wir diesen ganzen Gedächtnisschatz als lebendige Gegenwart, dann ist er da. Jeder Gedanke lebt als ein Lebewesen. Wir wissen jetzt: du hast gedacht während deines physischen Lebens, dir sind solche Gedanken erschienen; aber während du in dem Wahne warst, du bildetest dir Gedanken, hast du lauter Elementarwesen geschaffen. Das ist das Neue, das du zum ganzen Kosmos hinzugeschaffen hast. Jetzt ist etwas da, was in den Geist hinein von dir geboren worden ist; jetzt taucht vor dir auf, was deine Gedanken in Wirklichkeit waren. — Und man lernt erkennen zunächst in unmittelbarer Anschauung, was Elementarwesen sind, weil man diejenigen Elementarwesen zuerst erkennen lernt, die man selber geschaffen hat. Das ist der bedeutungsvolle Eindruck der ersten Zeit nach dem Tode, das man als Erinnerungstableau hat; aber dieses fängt an zu leben, richtig zu leben, und indem es anfängt zu leben, verwandelt es sich in lauter Elementarwesen. Jetzt zeigt es sozusagen sein wahres Antlitz, und darin besteht sein Verschwinden, dass es etwas ganz anderes wird… Und wir lernen aus diesen unseren eigenen Elementarwesen. von denen wir im Leben schon umgeben waren, die wir im Tode erblicken, die Natur der Elementarischen Welt überhaupt kennen und bereiten uns dadurch vor, auch solche Elementarwesen der Aussenwelt zu verstehen im allmählichen Anschauen, die nicht wir geschaffen haben, sondern die ohne uns im geistigen Kosmos vorhanden sind."

Von diesem tieferen Erkennen der Aussenwelt geht dann die Entwicklung über zur wesenhaften Selbsterkenntnis. Das kommt im Drama in der Fortsetzung von Marias Worten zum Ausdruck:

> Doch *dich* ergründe in der Geister Reich,
> Die Urbeginn verbinden andrem Urbeginn,
> Die Weltenkeimeskräften nah sich wissen
> Und Sphärenzielgedanken Richtung weisen.
> Es wird dich solche Weltenschau erkraften,
> Dass du im Geistgewoge dir das Sein
> Im Seelenkerne wesenhaft vereinst.

Marias Worte bewirken tatsächlich, dass Johannes sich zu starkem Entschluss aufrafft und sagt: „Ich will es hören, — will mir selber trotzen." Er trotzt seinem niederen Selbst, das ihn geistig einschläfern möchte, und so erlebt er wirklich, was Maria durch ihre Worte in ihm angeregt hat. Zuerst erscheinen die Elementarwesen für seine Geistesschau.

Auf das Erleben der Elementargeister im Zusammenhang mit dem Einweihungsweg hat Rudolf Steiner im zweiten Vortrag des Zyklus „Der Orient im Lichte des Okzidents" hingewiesen, wo er sagt: „Und dann kann der Mensch, wenn er die Begegnung mit dem Hüter der Schwelle hinter sich hat, aufsteigen zu dem Erleben der Wesenheiten in den sogenannten Elementen, im Element des Wassers, der Luft, der Erde. Diese vier Arten von Geistern, die in den Elementen leben, gibt es, und der Mensch, der diese Stufe erreicht hat, die soeben beschrieben worden ist, der verkehrt mit den geistigen Wesenheiten der Elemente." Im selben Zusammenhang zeigt Rudolf Steiner, wie der Mensch vom Erleben der Elementargeister fortschreitet zum Erleben höherer geistiger Wesenheiten: „Es leben also gewisse göttlich-geistige Wesenheiten in demjenigen, was uns entgegentritt als feste Materie oder Erde (im geisteswissenschaftlichen Sinne gesprochen), als flüssige Materie oder Wasser (im geisteswissenschaftlichen Sinne gesprochen), als ausdehnbare Materie oder Luft und als warme, feurige Materie oder Feuer. Das aber sind noch nicht die höchsten geistigen Wesenheiten, sondern wenn wir uns durchgerungen haben durch das Erleben der Elementenwelt, dann steigen wir auf zu denjenigen Wesenheiten, welche die schaffenden Wesenheiten für jene Geister sind, die in den Elementen leben ... Und als schöpferische, als befruchtende Kräfte stehen hinter demjenigen, was physisch ist, diejenigen Kräfte, die uns von der Sonne zum grössten Teil zuströmen. Die Sonne, sie ruft ja aus der Erde hervor das spriessende, sprossende Leben. Die Sonne also sendet diejenigen Kräfte, im physischen Sinne zunächst, zur Erde, die es möglich machen, dass auf der Erde gesehen wird mit physischen Sinnen dasjenige, was im Feuer, in der Luft, im Wasser und in der Erde lebt."

Die geistigen Schöpferwesen, von denen hier gesprochen wird, erscheinen im Drama in der Gestalt von Philia, Astrid und Luna. Johannes erlebt zugleich mit diesen drei „geistigen Wesenheiten, welche die Verbindung der menschlichen Seelenkräfte mit dem Kosmos vermitteln", ein viertes Wesen, das Rudolf Steiner als die „andere" Philia bezeichnet. Von ihr sagt er im zweiten Drama, dass sie die Verbindung der Seelenkräfte mit dem Kosmos hemme. Im vierten Drama wird sie „die Trägerin des Elementes der Liebe in der Welt, welcher die geistige Persönlichkeit angehört". Hier bringt sie Johannes bestimmte Hemmnisse seiner Entwicklung zum Bewusstsein, indem sie sagt:

Und wachendes Träumen
Enthüllet den Seelen
Verzaubertes Weben
Des eigenen Wesens.

Während Johannes über diese Worte nachdenkt, erscheint ihm in Gedankenform der Geist seiner Jugend. Von ihm sagt Rudolf Steiner im Zyklus „Die Geheimnisse der Schwelle" folgendes: „Es findet wirklich eine Art Spaltung des Menschen statt. Man erlebt etwas wie eine Art Neugeburt, und man sieht zur Jugend hin wie zu einer fremden Wesenheit; und in dieser Jugend liegt sehr vieles, wovon man sagen muss: Man kann es in dieser Inkarnation gar nicht austragen; da liegt viel Karma darinnen begraben, das später einmal ausgetragen werden muss, oder demgegenüber man sich bemühen muss, es schon jetzt zum Austrag zu bringen. Von solch unausgetragenem Karma ist vieles in der Seele des Johannes Thomasius. — Solches unausgetragenes Karma, solches Erlebnis wie das, wenn man auf seine Jugend hinschaut wie auf eine andere Wesenheit, das ist etwas, was man im Innern erlebt. Zu solchem Erleben hat Luzifer Zugang; das kann Luzifer heraussondern; er kann sich einen substantiellen Teil des Ätherleibes nehmen und den gleichsam beseelen mit dem unausgetragenen Karma. Dann wird ein Schattenwesen daraus unter dem Einfluss Luzifers, ein solches Schattenwesen, wie es in dem Geist des jungen Johannes Thomasius dargestellt ist. Ein solches Schattenwesen ist ein wirkliches Wesen; es ist da, abgesondert von Johannes Thomasius, nur dass es grausige Verrichtungen hat aus dem Grunde, weil es eigentlich der allgemeinen Weltenordnung widerspricht. Was als Schattenwesen draussen ist, sollte in Johannes drinnen sein. Dadurch wird das hervorgerufen, was man als ein tragisches Geschick dieses Schattenwesens empfindet, das als ein Teil des Ätherleibes in der elementarischen und geistigen Welt draussen lebt. Das ist also durch Luzifer zum Schattenwesen verselbständigtes unausgetragenes Karma des Johannes Thomasius. Derjenige, der so etwas erlebt — und das ist ein wichtiges, ein bedeutungsvolles Erlebnis —, erlebt es so, dass er weiss: weil er Karma unausgetragen hat, hat er eine Art kosmischer Schuld auf sich geladen, hat er ein Wesen geschaffen, das eigentlich nicht draussen sein sollte, sondern in einem selber. Das wird in „Der Seelen Erwachen" durch die andere Philia dem Johannes Thomasius zum Bewusstsein gebracht, dass er ein solches Seelenkind geschaffen hat, das draussen in gewisser Beziehung ein unberechtigtes Dasein hat. Das ist die Eigentümlichkeit, wenn man sich in die geistigen Welten hinauflebt, dass man seiner eigenen Wesenheit entgegentritt, aber dass einem in der geistigen Objektivität diese eigene Wesenheit vervielfältigt entgegentreten kann. Bei Johannes Thomasius haben wir ja die mannigfaltigste Vervielfältigung. Es tritt ihm entgegen ein Teil seines Wesens als Doppelgänger, jetzt ein anderer Teil seines Wesens — denn das Karma gehört durchaus zum Wesen des Menschen — als Geist des jungen Johannes Thomasius."

Im Drama erscheint der Geist des jungen Johannes in Begleitung von Luzifer und von Theodora. Luzifer möchte durch ihn erbeuten, was Johannes bei seinem Geistesfluge in den Seelentiefen unbehütet lässt. Theodora hingegen sagt:

Du Geisteskind, du lebst Johannes' Jugend
In finstern Schattenreichen. — Liebend neigt
Sich dir die Seele, die Johannes schützt,
Aus lichterfüllten, liebewarmen Reichen.
Erlösen will sie dich aus Zauberkreisen,
Wenn du von ihrem Fühlen nehmen willst,
Was dir ein Sein in Seligkeit erwirbt.

Damit wird hingedeutet auf die Umwandlung der luziferisch selbstischen Liebe in die befreiende selbstlose Liebe, die das wahre Ich belebt. In Goethes „Märchen" sehen wir ein Bild solch einer Umwandlung an der Stelle, wo die schöne Lilie mit der linken Hand die grüne Schlange und mit der rechten den Leichnam des Jünglings berührt. Dabei opfert die grüne Schlange ihre Lebenskraft, um den Jüngling zu beleben. Der Körper der Schlange zerfällt dann in Edelsteine, die in den Fluss geworfen werden. Im Drama sagt Theodora, sie wolle den Geist der Jugend des Johannes den Elementen verbünden.

Mit der Entwicklung des Menschen zur Freiheit wandelt sich sein Verhältnis zu den in den Elementen wirkenden Wesen, und auch dies steht in Beziehung zur Umwandlung seines Geistes der Jugend. Die Wandlung des Verhältnisses zu den elementarischen Geistern beschreibt Rudolf Steiner im Vortrag vom 20. Januar 1923, der im 9. Jahrgang des Nachrichtenblattes abgedruckt ist. Er sagt dort: „Der Mensch ist in früheren Zeiten nicht nur mit Pflanzen, Steinen, Tieren umgegangen, sondern er ist umgegangen mit den elementarischen Geistern, die in Erde Wasser, Luft, Feuer usw. leben. Indem der Mensch sich selbst verloren hat, hat er auch dieses Erleben der Naturgeister verloren ... Und wenn heute mit der Initiationswissenschaft der Weg gesucht wird zu diesen Wesenheiten, dann bekommt man diesen Wesenheiten gegenüber ein ganz bestimmtes Gefühl, eine ganz bestimmte Empfindung. Man sagt sich: Diese Wesenheiten sprachen einstmals durch das Menscheninnere, durch jeden einzelnen Teil dieses Menscheninneren zu den Menschen. Sie konnten gewissermassen nicht aus der menschlichen Haut heraus. Sie bewohnten die Erde, aber sie bewohnten sie in dem Menschen. Sie waren in dem Menschen drinnen und sprachen zu dem Menschen, gaben ihm ihre Erkenntnisse. Der Mensch konnte von dem Erdendasein nur wissen, indem sie erfuhren, was sozusagen innerhalb der menschlichen Haut von diesem Erdendasein zu erfahren ist. — Nun, mit der Entwicklung der Menschheit zur Freiheit und zur Selbständigkeit haben ja diese Wesenheiten auf Erden ihre Wohnsitze im Menschen verloren ... Einstmals haben sie mit den Menschen gelebt. Jetzt bewohnen sie nicht mehr den Menschen, aber sie sind im Erdenbereich da. Wir müssen uns gewissermassen sagen: sie waren einstmals unsere Erzieher; sie sind jetzt alt geworden; wir müssen ihnen wiederum zurückgeben, was sie uns einst gegeben haben. Das aber können wir nur, wenn wir in der heutigen Entwicklungsphase mit Geist an die Natur herandringen, wenn wir nicht nur dasjenige in dem Naturwesen suchen, was die heutige abstrakte Verständigkeit sucht, sondern wenn wir das Bildhafte in den Naturwesen suchen, das, was nicht nur totem Verstandesurteile zugänglich ist, sondern was dem vollen Leben zugänglich ist, was der Empfindung zugänglich ist. — Wenn wir das in Geistigkeit, d. h. aus dem Geiste anthroposophischer Weltanschauung heraus suchen, dann kommen diese Wesenheiten wieder herbei ... Damit will ich nur sagen, dass es Wesen gibt, welche heute darauf warten, dass wir uns mit ihnen vereinigen, wie wir uns mit anderen Menschen in einem wirklichen Erkenntnisgefühl vereinigen, damit diese Wesenheiten teilnehmen können an dem, was wir lernen, über die Dinge zu wissen, mit den Dingen zu handeln."

Solch eine Darstellung kann uns helfen zu verstehen, was es bedeutet, wenn der von luziferischem Einfluss befreite Geist der Jugend eines Menschen sich mit den Elementarwesen verbündet. Befreit wird er durch das Hinopfern der mit dem Karma verbundenen luziferischen Wunscheskräfte zur Belebung der selbstlosen Ich-Kraft als geistiger Kraft der Liebe. Das führt zu einer selbstlos objektiven Erkenntnis des Karmas. Verbündet sich diese Erkenntnis mit der selbstlos objektiven Erkenntnis der geistigen Hintergründe der Natur, so tritt der befreite Geist der Jugend eines Menschen in die rechte Beziehung zu den Elementarwesen, und es entsteht eine Brücke zwischen dem Geistigen im Menschen und dem Geistigen in der Welt entsprechend der Brücke in Goethes „Märchen", deren Grundpfeiler sich aus den Resten des aufgeopferten Körpers der grünen Schlange bildeten. Das ermöglicht eine von luziferischem Einfluss freie Schönheit und Geistesschau, wie es zum Ausdruck kommt in Theodoras Worten:

Ich will aus edlem Fühlen Schönheit keimen —
Und an dem Opferdienste reifen lassen.

Und:

Ich werde geisterfülltes Schauen wecken,
Das frei auch noch von Luzifer sich weiss.

Nach diesen Worten verschwinden Luzifer, Theodora und

der Geist von Johannes' Jugend. Es folgt ein Gespräch zwischen der „anderen" Philia und Johannes über die Bedeutung seines Geistes der Jugend. Die „andere" Philia schliesst mit den Worten:

> Johannes, dein Erwachen bleibt ein Wahn,
> Bis du den Schatten selbst erlösen wirst,
> Dem deine *Schuld* verzaubert Leben schafft.

Johannes entschliesst sich, dem Rat der anderen Philia zu folgen.

Drittes Bild

Die Hemmnisse gegenüber dem von Hilarius geplanten Wirken, die sich bereits im ersten Bilde ankündigten, zeigen sich im dritten Bilde in voller Deutlichkeit. Es handelt sich dabei vor allem um Geisteswissens-Irrtümer. Aber diese sind weit schwerer zu überwinden als äussere Widerstände.

Zuerst treten neben Hilarius drei andere Persönlichkeiten auf, die wir, wie ihn selbst, im vorangehenden Drama als Repräsentanten eines Mystenbundes kennengelernt haben, der es sich zur Aufgabe gemacht hat, ein traditionelles Geistesleben zu bewahren. Wir haben dort gesehen, wie dieser Mystenbund in Verbindung getreten ist mit dem gegenwärtig lebendigen Geistesleben, das von Benedictus und seinen Schülern gepflegt wird. Auf Grund dieser Verbindung hat Hilarius den Plan gefasst, den neuen Geistesimpulsen ein Wirkensfeld im sozialen Leben zu eröffnen. Es zeigt sich nun, dass diese vier Persönlichkeiten in ihren Anschauungen über die Ausführbarkeit des Planes nicht übereinstimmen.

Bellicosus äussert seine Besorgnis über das ablehnende Verhalten des Bureauchefs gegenüber dem Plane. Romanus hingegen vertritt die Ansicht, dass dessen Einwände sowohl den äusseren Lebensforderungen als auch der wahren Mystenmeinung entsprechen. Bellicosus betrachtet es als weise Schicksalsfügung, dass durch Benedictus und seine Schüler das gegenwärtig lebendige Geistesleben sich mit dem vom Mystenbunde vertretenen traditionellen Geistesleben vereinigt hat; und die dadurch ermöglichte Verwirklichung gegenwärtig lebendiger Geistesimpulse erscheint ihm als Geistespflichtgebot. Romanus beurteilt die Schicksalssituation anders, weil er weder die Schüler des Benedictus noch Hilarius für genügend vorbereitet hält, um diese Aufgabe zu erfüllen, die weit grössere Wachheit erfordert, als die Pflege des Geisteslebens im Tempel-Inneren. — Wenngleich im Hinblick auf die Vergangenheit und auf die Gegenwart dieser Beurteilung nicht widersprochen werden kann, ist doch zu beachten, dass bei einem richtigen Deuten der Schicksalszeichen die Gegenwartssituation nicht als unabänderlich hingenommen werden muss. Im vorangehenden Bilde haben wir gesehen, dass sich bei Johannes eine wesentliche Umwandlung anbahnt, die dazu führen kann, dass bald die Beurteilung des Romanus für ihn nicht mehr Geltung haben wird, obwohl sie vor kurzem noch für ihn gegolten hat. — Bellicosus gelangt zu einer anderen Beurteilung des Schicksalsverlaufes als Romanus. Dessen Einwand hindert ihn nicht anzunehmen, dass die Art, wie Benedictus' Schüler ihnen zugeführt seien, bezeuge, es sei nötig zu befolgen, was sich ihrer Geistesschau offenbare.

Zu ganz abwegiger Beurteilung führt die Art, wie Torquatus einzelne Schicksalszeichen deutet. Er hat erfahren, dass Capesius sich von Benedictus und dessen Schülerkreis getrennt hat, und er konstruiert auf Grund dieser Tatsache weitgehende Folgerungen, die das Vertrauen in die neuen Geistesimpulse erschüttern müssten, wenn sie den Tatsachen entsprächen. Während er spricht, schleicht Ahriman durch die Gegend. Damit wird angedeutet, was Rudolf Steiner im Zyklus „Die Geheimnisse der Schwelle" mit folgenden Worten ausspricht: „Beachten Sie unter dem Mancherlei, was für diese Mysteriendramen in Betracht kommt, wie die eigenartige Gestalt des Ahriman gerade in ‚Der Seelen Erwachen' zuerst leise heranschleicht, wie sie sozusagen wie zwischen den Persönlichkeiten hindurchgehend sich zeigt, wie sie immer mehr und mehr Bedeutung gewinnt gegen das Ende von ‚Der Seelen Erwachen'." (1. Vortr.)

Bellicosus versucht, das Verhalten des Capesius schicksalsmässig zu verstehen. Bestimmte Geschehnisse wecken in seiner Seele ein ahnendes Wissen von Schicksalszusammenhängen. Gegenüber Capesius hat er von der ersten Begegnung an die Ahnung gehabt, das Schicksal stelle ihn dem Mystenbunde nahe und fern zugleich. Romanus versteht ihn in dieser Ahnung. Er hat durch ähnliche Ahnungen die Gewissheit erlangt, mit keinem der neuen Mystenfreunde enger verbunden zu sein als mit Strader. — Über die Ahnung als ein Erbgut früherer Entwickelung, wie auch Vision und „zweites Gesicht" es sind, spricht Rudolf Steiner im Vortrag vom 24. August 1923 (Initiations-Erkenntnis), wo er sagt: „Während also die Vision entsteht, wenn man herüberträgt in das wache Tagesleben das Schlaferlebnis, wenn man unbewusst herüber über die Schwelle geht mit dem Schlaferleben, so entsteht die Ahnung, wenn man im ganz leisen, unbemerkten Schlaf ist, so dass man glaubt, man sei wach, und hinüberträgt, wiederum ignorierend den Hüter der Schwelle, dasjenige, was man eigentlich schon im gewöhnlichen Tageserleben trägt... Und nun sehen Sie, dass mit diesen Erbgütern, die der Mensch erleben kann, herüberkommend aus der alten Evolution, er dasteht hüben mit der Vision und drüben mit der Ahnung. Er kann aber auch gerade an der Grenze stehen, an der Schwelle, und nicht bemerken den Hüter der Schwelle...Wenn man hier an der Schwelle steht, so dass man gewissermassen noch dasjenige empfindet, was in der physischen Welt ist, schon dasjenige empfindet, was in der übersinnlichen Welt ist, dann lebt man in dem, was ja auch in gewissen Lokalitäten der Erde sehr verbreitet ist, was man nennen kann die Deuteroskopie oder das zweite Gesicht. Das wird gerade an der Schwelle erlebt in einem halbbewussten Zustande. So dass man sagen kann: Diese alten Erbgüter sind entweder solche Erscheinungen im Menschenleben im herabgedämpften Bewusstsein, die auftreten diesseits der Schwelle als Vision, jenseits der Schwelle als Ahnung, und gerade an der Schwelle als zweites Gesicht."

Wie andere Nachklänge früherer Entwicklung, so kann auch die Ahnung zu einer Vorstufe der künftigen Entwicklung umgewandelt werden, in der sich das Bewusstsein und die Kraft des höheren Selbst mehr und mehr entfaltet. — Romanus lässt durch die Ahnung seinem forschenden Denken die Richtung weisen. Aber bevor er sich zur Tat wendet, tilgt er in sich die Ahnung, die sein Denken durchkraftet. Im Geistgebiet fühlt er sich mit Benedictus' Schülern eng verbunden. Wenn er jedoch aus innerem Mystenkreise den Weg zurück ins Erdenleben sucht, so wagt er dies allein an Straders Seite.

Torquatus findet, dass Strader die rechte Seelenstimmung zur Mystik gänzlich fehle und dass er daher dem inneren Geist-Erleben fern stehe. Romanus gibt zu, dass Strader auf dem Geisteswege seiner Freunde noch nicht weit genug vorgeschritten ist. Er weiss aber auch, dass Strader sich dadurch frei von Seelenfeinden halten konnte, die manchem Mysten sehr gefährlich sind, wenn sie ihm in das Sinnessein folgen.

Bellicosus glaubt, dass bei der Einstellung, die Romanus gegenüber Strader zeigt, kein Hinderungsgrund vorliege, um an dem geplanten Werke teilzunehmen und auch den Bureauchef dafür zu gewinnen. Er fordert ihn nochmals auf dazu. Nun wendet sich Romanus direkt an Hilarius und sagt, dass er bereit sei, mitzuhelfen und auch mit seinem äusseren Eigentum dem Plane zu dienen, wenn dieser allein mit Strader ohne Mithilfe der anderen Schüler des Benedictus durchgeführt würde. Hilarius hält es für ausgeschlossen, dass Strader sich jetzt von Benedictus' Schülern trennen werde. Er ist überzeugt, dass die anderen ihm so nahe stehen, wie er sich selbst. Romanus antwortet:

Dass sie ihm leiblich nahestehn, mag gelten.
Sich ihnen geistig auch vereinigt wähnen,
Kann *jener* Teil in seiner Seele nur,
Der tief im *Geistes-Schlafe* noch sich hält.
Doch dünkt mich, dass recht bald sich zeigen muss,
Wie *der* zu wachem Leben reifen kann.

Hier vernehmen wir die Ahnung von Straders Vereinsamung und auch die Ahnung von seinem Erwachen zu einem höheren Bewusstsein. Nach diesen Worten entfernen sich Bellicosus, Romanus, Torquatus und Hilarius.

In derselben Szenerie erscheinen jetzt Capesius, Strader, Felix Balde und Frau Balde. Capesius erklärt die Art des Verhaltens, zu dem er sich entschlossen hat, mit folgenden Worten:

Wollt' ich mit äuss'rem Wirken mich belasten,
Um Geist im Sinnenreich zum Sein zu bringen, —
Vermessen müsst' ich mich, den Grund des Seins
In Welten zu erfassen, deren Wesen
In mir bis jetzt noch nicht verwirklicht ist.

Strader vermag dies nicht mit seiner Auffassung vom rechten Strebensziele in Einklang zu bringen. Hingegen Felix Balde vernimmt in diesen Worten die Stimmung der echten Mystik, wie er sie selbst erstrebt. Er und Capesius verstehen einander jetzt ausgezeichnet. Strader versteht wohl ihre Worte; aber der Sinn, den sie ihren Worten geben, ist ihm fremd.

Zu dieser Stelle sagt Rudolf Steiner im Zyklus „Die Geheimnisse der Schwelle": „Oh, könnte ein grosser Teil unserer Freunde in die Stimmung des Erwartens sich hineinversetzen, in diese Stimmung des Erwartens eines Herankommens von etwas, was vielleicht nur seine scheinbar recht klare, aber doch noch unverstandene Vorherverkündigung in den Theorien und Auseinandersetzungen enthält, dann würde in diesen Seelen auch Platz greifen können etwas von dem, was zum Ausdruck gekommen ist im 3. Bilde von ‚Der Seelen Erwachen' in den Worten Straders. Da, wo Strader steht zwischen Felix Balde und Capesius, wo er in einer eigentümlichen Weise steht zwischen beiden; wo er so steht, dass ihm wortwörtlich das alles bekannt ist, was diese sagen, dass er es aber jetzt, trotzdem er es sich selbst hätte wiederholen können, nicht begreiflich finden kann. Er weiss es, er kann es sogar für Weisheit halten, aber er merkt jetzt, dass es so etwas gibt, was man ausdrücken kann mit den Worten:

> Capesius und Vater Felix...
> Verbergen dunklen Sinn in klaren Worten."

Wer die Ideen der Geisteswissenschaft zu seinen Idealen macht, indem er ihre Verwirklichung erstrebt, wird in die hier dargestellte Situation Straders kommen, wenn er in die Lage kommt, zuzuhören, wie die gleichen Ideen so vertreten werden, als käme ihre Verwirklichung nicht in Frage. Im neuzeitlichen Geistesleben ist ja diese Einstellung gegenüber den Ideen sehr verbreitet. Sie mögen dann noch so klar vorgetragen sein — demjenigen, der sie verwirklichen möchte, wird dennoch ihr Sinn dunkel erscheinen. Auf das lebensfremde philosophische Denken deutet Rudolf Steiner im selben Zusammenhang mit den folgenden Worten: „Klar, meine lieben Freunde, sind viele Wissenschaften, sind viele Philosophien. Ein Wichtiges aber wäre geschehen in der Weiterentwicklung der Menschheit, wenn Philosophen kommen würden, die das Geständnis ablegen könnten, dass ja von System zu System in den Philosophien die Leute Klares und immer wieder Klares gebracht haben, so dass man sagen kann: Die Dinge sind klar — dass aber in klaren Worten ein dunkler Sinn sein kann. Wenn lernen würden viele, die sich übergescheit dünken, die das, was sie wissen, in gewissen Grenzen berechtigterweise für Weisheit halten, sich so hinstellen könnten vor die Welt, wie sich Strader hinstellt neben Vater Felix und Capesius, und sagten:

> Begreiflich fand ich oft, — was ihr jetzt sprecht —;
> Ich hielt es dann für Weisheit; — doch kein Wort
> In euren Reden ist mir *jetzt* verständlich.
> Capesius und Vater Felix, beide...
> Verbergen dunklen Sinn in klaren Worten."

Wo Gedanken nicht impulsierend und lenkend im Leben wirken, werden sie leicht zum äusseren Kleid undurchschauter Kräfte, die sich solcher Gedanken zu ihrer Verhüllung und Rechtfertigung bedienen. Das erlebt Strader gegenüber Capesius und Felix Balde, und er bringt es zum Ausdruck in den Worten:

Erleb' ich nicht, wie eure Worte nur
Das Kleid von Kräften sind; — — von Seelenkräften,
Die mich von euch verbannen in die Welten,
Die eurer Geistesart recht ferne liegen?
Die ich nicht suchen will, — weil ich die *eure*
In meiner tiefsten Seele lieben muss.

Felix Balde fährt fort, die wahre Mysterienstimmung zu beschreiben, und er gibt dabei eine richtige Schilderung der Seelenverfassung, die zum Erkennen der geistigen Welt erforderlich ist. Rudolf Steiner sagt zu dieser Stelle im selben Zyklus: „Man muss die Stimmung haben, ruhig zu warten, die man bezeichnen kann als wirkliche innere Seelenruhe, Geistesfriedsamkeit. Das gehört zur richtigen Beurteilung desjenigen, was man in der geistigen Welt erlebt. — Wenn man in bezug auf irgendeinen Menschen in der physischen Welt etwas erfahren will, so tut man irgend etwas, was man in dem Sinne dieser Erfahrung für nötig hält. Das kann man nicht mit der Impression von Geistesfriedsamkeit, Seelenruhe, Abwartenkönnen. Es ist eine durchaus berechtigte Schilderung der Verfassung der Seele gegenüber den wahren Eindrücken der geistigen Welt, wenn man sagt: ‚Erstreben nichts, nur friedsam ruhig sein — der Seele Innenwesen ganz Erwartung.' Mit einer gewissen Beziehung muss diese Stimmung über das ganze Seelenleben ausgegossen sein, wenn in der richtigen Weise an die hellsichtige Seele die Erfahrungen des Geisterlandes herantreten sollen." (Vortrag 4)

Die berechtigte Schilderung der Stimmung gegenüber der geistigen Welt wird von Felix Balde so angewendet, dass sie zu einer falschen Beurteilung der berechtigten Haltung Straders führt. Dieser sieht sich mehr und mehr in die Vereinsamung und innere Not getrieben, was zum Ausdruck kommt in seinen Worten:

Ich hab' euch nötig; — — doch find ich euch nicht —
Das Sein, das uns vereint, — — ihr schätzt es nicht.
Wie finden Menschen sich zum Weltenwerk,
Wenn Mysten nie das Eigensein verlassen?

Felix Balde und Capesius fahren fort, Straders Streben als
verderblich für die Geistesschau hinzustellen. Dieser antwortet
schliesslich:

Und *mir* ersteht die Geistesschau doch nur,
Wenn sich die Seele Tatgedanken widmen
Und lebend sich im Hoffen finden darf,
Dass sie dem Geiste Stätten bauen kann,
In welchen er das Licht entzünden will,
Das wärmend durch die Geisteswelten strahlt,
Und durch der Menschen Sinnenwirksamkeit
Im Erdensein die neue Heimat sucht. —

In diesen Worten zeigt sich ein selbstloses Wünschen, wie es
der geistigen Kraft der Liebe entspricht. Da Strader für sein
aus dieser Kraft hervorgehendes Streben bei Felix Balde und
Capesius kein Verständnis findet, ruft er aus:

Bin ich des Irrtums Sohn — — nicht euer Sohn,
Ihr weisheitvollen weiten Geisteswelten — —!

Die Fragepein, mit der Strader sich an die weisheitsvollen
weiten Geisteswelten wendet, führt ihn zu seiner ersten Geistesschau.

Benedictus, Maria und Ahriman erscheinen nun Strader
,,als seine Gedankenformen zwar, doch im wirklichen Geist-
verkehr". Von Benedictus vernimmt er die Worte:

In weisheitsvollen weiten Geisteswelten
Erahnst du Hilfe jener Fragepein,
Die deines Seelenlebens Urgeheimnis
Auf deinem Erdendenken lasten lässt . . .

In Beziehung zu dieser Stelle des Dramas stehen Ausfüh-
rungen Rudolf Steiners im zweiten Vortrag des Zyklus ,,Inne-
res Wesen des Menschen...", wo er sagt: ,,In uns waltet
zwischen der Geburt und dem Tode eine Weisheit, die hinter
der Welt vorhanden ist, die wir mit unseren Sinnen anschauen
und über welche wir mit unserem an das Gehirn gebundenen
Verstand denken. Dahinter ist sie vorhanden, diese Weisheit;

30

sie ist verhüllt vor uns zwischen der Geburt und dem Tode; aber sie waltet, lebt, wirkt in uns in den unterbewussten Seelentiefen und sie muss sozusagen in diesen unterbewussten Seelentiefen des Menschen Angelegenheiten in die Hand nehmen, weil der Mensch auf einige Zeit hinweggerückt werden muss von einem Anblick, der für ihn versucherisch wäre. Die ganze Zeit, während welcher wir in unserem physischen Leibe leben, würden wir unter sonst normalen Verhältnissen, ohne dass wir eben durch die sorgfältige Schulung in die geistige Welt eingeführt werden, — wenn der Hüter der Schwelle uns das Hineinschauen in die geistigen Welten nicht vorenthielte, — wir würden Schritt für Schritt versucht sein, unsere noch unvollkommenen, noch nicht herausgekommenen Menschenanlagen fallen zu lassen und dem Hinaufschwung in die geistigen Welten zu folgen, aber mit unseren Unvollkommenheiten... Denn blickten wir hinter die Schwelle desjenigen, was unser Bewusstseinshorizont ist, so stünden wir in jedem Augenblick vor der Gefahr, unser Menschheitsziel nicht erreichen zu wollen."

Capesius und Felix Balde verfallen vorerst der Versuchung, bei ihrem Streben nach Vergeistigung das dem Erdenwirken voranleuchtende Menschheitsideal preiszugeben. Weil Strader diesem Ideale treu bleiben will, kann er ihren Rat nicht befolgen, und er wendet sich selbst mit seiner schmerzerfüllten Frage an die weisheitsvollen Geisteswelten, die Capesius und Felix Balde auf ihre Weise zu erreichen suchen. Die Gefahr ihres Verhaltens gegenüber der geistigen Welt wird im selben Vortrag durch folgende Worte verdeutlicht: ,,Man kann sich ganz vergeistigen... Diese Aussicht steht vor einem. Aber man kann das nur, indem man seinen Weg von der Bahn nach dem grossen Menschheitsideale hin ablenkt, wenn man herausgeht aus der Bahn. Das heisst mit anderen Worten, man würde sagen: Man schlägt den Weg ein in die geistigen Welten, indem man alle seine Unvollkommenheiten mit hinein nimmt; sie werden sich schon dort in Vollkommenheiten verwandeln. Das täten sie wirklich; man könnte mit den Unvollkommenheiten hinein; man würde mit ihnen, weil man von göttlichen Kräften durchdrungen wäre, ein Wesen sein, aber dieses Wesen müsste verzichten auf Anlagen, die es doch in sich hat, die es noch nicht auf seinem bisherigen Wege ausgebildet hat und die nach der Richtung des grossen Menschheitsideals liegen; auf die müsste er verzichten."

Da beide vorerst kein Verständnis für Straders Streben nach dem Menschheitsideal haben, legen sie einen Abgrund zwischen sich und ihn. Strader erlebt den Abgrund in sich. Benedictus (als Gedankenform) fordert ihn auf, in seinen Abgrund zu blicken und stellt ihm in Aussicht, dass die Geistesweiten ihm die Antwort aus den Seelentiefen offenbaren wollen. Die Art, wie die Schau des Menschheitsideals bei der Rückkehr aus der geistigen Welt erlebt wird, ist von Rudolf Steiner im selben Vortrag mit folgenden Worten beschrieben worden: „Drüben ist es so, dass... wenn man das, was ich in meinem letzten Mysteriendrama ‚Der Seelen Erwachen' die Mitternachtsstunde genannt habe, wenn man das überschritten hat, dass dann zunächst eine gewisse Dumpfheit da ist in bezug auch auf das Wollen und Fühlen gegenüber dem, was wie ein herrlicher Tempel in den Fernen der Zeiten steht. Da durchglühen und durchwärmen göttliche Kräfte unsere inneren Seelenvermögen. Ein Unterricht ist es, der unmittelbar zu unserem Inneren spricht und der sich so äussert, dass wir immer mehr und mehr die Fähigkeit gewinnen, wirklich den Weg gehen zu wollen, zu dem, was wir so als ein Ideal schauen. Während wir im physischen Leben einem Lehrer gegenüberstehen können oder einem Erzieher und er uns gegenüberstehen kann und uns doch im Grunde genommen so fühlen, dass er von aussen herein in unser Herz spricht, fühlen wir, dass unsere geistigen Erzieher, die höheren Hierarchien, indem sie uns so erziehen, wie ich es jetzt geschildert habe, unmittelbar in unser Inneres herein ihre eigenen Kräfte spielen lassen."

Straders Frage ist auf die Geistesimpulse gerichtet, die der Mensch braucht, wenn er von der Mitternachtsstunde in der Geisteswelt sich wieder der Erde zuwendet. Er sucht das, was hier Rudolf Steiner geschildert hat als Erlebnisse dessen, der die Mitternachtsstunde der Geisteswelt durchschritten hat. Capesius und Felix Balde suchen die Erlebnisse vor der Mitternachtsstunde. Indem sie Straders Suchen nicht richtig einschätzen, legen sie einen Abgrund zwischen sich und ihn. Während Strader aufgefordert wird, in den Abgrund zu blicken, beginnt Ahriman zu sprechen. Er gibt zu, dass Strader im eigenen Abgrund sehen wird, was ihm „würdig scheint des Menschengeists im weiten Weltenlauf", also das Menschheitsideal; aber er hält es für besser, dass das Menschheitsideal den Menschen im dumpfen Seelenschlafe gewiesen wird. Er sagt, dass Strader sich die Antwort im Schauen tötet, wenn Benedictus ihm das Menschheitsideal im Wachen weist.

Strader schaut in den Abgrund seines eigenen Wesens und sieht da einen Finsternis erzeugenden Kampf. Zum Verstehen des inneren Kampfes, der stets im Menschen stattfindet, auch wenn er nicht wahrgenommen wird, sei auf folgende Worte Rudolf Steiners im dritten Vortrag desselben Zyklus verwiesen: „Er (der Hüter der Schwelle) lässt in unser Bewusstsein nur die Empfindung selber herein und lässt nicht in unser Bewusstsein dasjenige hereinkommen, was als Imagination, als Inspiration, als Intuition, wenn es eintreten würde, einen unmittelbaren Drang nach Vergeistigung so, wie wir sind, mit Verzicht auf alles folgende Menschheitsleben, in uns erzeugen würde. Das muss uns verhüllt werden; davor wird die Tür unseres Bewusstseins zugeschlossen. Aber in unsere Wesenheit dringt es ein. Und indem es in unsere Wesenheit eindringt, ohne dass wir es mit dem Lichte unseres Bewusstseins durchleuchten können, indem wir es hinuntersteigen lassen müssen in die finsteren Untergründe unseres Unterbewusstseins, kommen entgegen die geistigen Wesenheiten, deren Gegner Luzifer ist, die kommen von der anderen Seite in unser Wesen herein und es entsteht jetzt in uns der Kampf zwischen Luzifer, der seine Imagination, Inspiration, Intuition hereinsendet, und denjenigen geistigen Wesenheiten, deren Gegner Luzifer ist. Diesen Kampf würden wir immer schauen, bei jeder Empfindung, bei jeder Wahrnehmung, wenn nicht für das äussere Wahrnehmen die Schwelle der geistigen Welt gesetzt wäre, der gegenüber sich der hellseherische Blick nicht verschliesst. — Daraus ersehen Sie, was sich eigentlich alles abspielt in diesem Inneren der Menschennatur. Und das Ergebnis dieses Kampfes, der sich da abspielt, ist das, was ich als eine Art von Leichnam, von partiellem Leichnam in uns charakterisiert habe. Dieser Leichnam ist der Ausdruck für das, was in uns ganz materiell werden muss, wie ein mineralischer Einschluss, damit wir nicht in die Lage kommen, es zu vergeistigen. Würde sich dieser Leichnam durch den Kampf von Luzifer und seinen

Gegnern nicht ausbilden, so würden wir statt dieses Leichnams in uns haben das Ergebnis der Imagination, Inspiration und Intuition, und wir würden unmittelbar in die geistige Welt aufsteigen. Der Leichnam bildet das Schwergewicht, durch das uns die guten geistigen Wesenheiten, deren Gegner Luzifer ist, in der physischen Welt zunächst erhalten; so erhalten, dass wir darin gleichsam verhüllt haben, was als Drang in uns entstehen müsste nach Vergeistigung, und damit wir anstreben nach dieser Verhüllung das wirkliche Ideal der menschlichen Natur, all die Anlagen, die in uns sein können."

Ausser diesem Kampf gegen luziferische Einflüsse findet in uns auch ein Kampf gegen ahrimanische Einflüsse statt. Ihn beschreibt Rudolf Steiner im selben Vortrag mit folgenden Worten: „Wir nehmen in den Gedanken gleichsam nur einen Extrakt wahr, etwas wie eine Abschattierung; das andere aber, das Leben, zieht in uns ein, und indem es in uns einzieht, durchdringt es uns wiederum so, dass neuerdings wiederum in unserem Ätherleib ein Kampf entsteht, jetzt ein Kampf zwischen den fortschrittlichen Geistern und Ahriman, den ahrimanischen Wesenheiten. Und der Ausdruck dieses Kampfes, was ist denn das? Das ist, dass sich in uns die Gedanken nicht so abspielen, wie sie sich abspielen würden, wenn sie lebendige Wesen wären. Würden sie sich so abspielen, wie sie wirklich sind, so würden wir uns in dem Leben der Gedankenwesen fühlen, die würden sich hin und her bewegen; aber das nehmen wir nicht wahr, dafür wird unser ätherischer Leib, der sonst ganz durchsichtig wäre, wie undurchsichtig gemacht; ich möchte sagen, er wird so, wie etwa Rauchtopas ist, der durchzogen wird von dunklen Schichten, während der Quarz ganz durchsichtig und rein ist. So wird durchzogen von geistiger Dunkelheit unser ätherischer Leib. Das, was da unseren ätherischen Leib durchzieht, das ist unser Gedächtnisschatz... Während also in unserem physischen Leib ein Leichnam geschaffen wird, der geschaffen werden muss, weil wir sonst den Drang hätten, uns zu vergeistigen mit all den Mängeln, die wir an uns tragen, geht etwas wie eine anfachende Lebenskraft vom Ätherleib aus, so dass wirklich nun in der Zukunft wiederum lebendig umgeschaffen werden kann, was da abgetötet worden ist."

Einen direkten Hinweis auf diese Stelle des Dramas finden wir in Rudolf Steiners Zyklus „Die Geheimnisse der Schwelle", wo er sagt: „Will man aber als hellsichtige Seele zum wahren Ich vordringen, dann lernt man erkennen, dass ein Entschluss, eine geistige Tat notwendig ist. Und von dieser kann gesagt werden: sie muss sein der starke Willensentschluss, das, was man heraufgetragen hat in die geistige Welt, was man als Erinnerung seiner selbst heraufgebracht hat, in sich auszutilgen, in sich zu vergessen; durch Willensentschluss auszutilgen die Erinnerung dessen, was man gewesen ist mit allen Einzelheiten. Da kommt man dann an dasjenige, was ja schattenhaft hereinleuchten kann auch schon für frühere Erkenntnisstufen. — Angedeutet ist sozusagen eine frühere Ankündigung dessen, was man da erlebt in der geistigen Welt, in dem dritten Bilde von der ‚Seelen Erwachen', wo Strader am Abgrund seines Daseins steht. Aber so ganz richtig in wahrer Gestalt steht man am Abgrund seines Daseins, wenn man den Entschluss fasst, durch freies inneres Wollen, durch energische Willenstat, sich auszulöschen, zu vergessen. Im Grunde genommen sind ja im Menschenwesen alle diese Dinge auch als Tatsache vorhanden; er weiss nur nichts davon. Jede Nacht muss der Mensch sich auf diese Weise unbewusst auslöschen. Aber es ist eben etwas ganz anderes, mit vollem Bewusstsein sein Erinnerungs-Ich der Vernichtung, dem Vergessen, dem Abgrund anheimzugeben, wirklich eine Weile zu stehen in der geistigen Welt am Abgrund des Seins gegenüber dem Nichts als Nichts. Es ist das erschütterndste Erlebnis, das man haben kann, und man muss mit grossem Vertrauen an dieses Erlebnis gehen. Um als Nichts an den Abgrund zu gehen, ist notwendig, dass man das Vertrauen hat, dass einem aus der Welt dann das wahre Ich entgegengebracht wird. Und das geschieht. Man weiss dann, wenn man am Abgrund des Seins dieses Vergessen zustande gebracht hat, man weiss dann: Ausgelöscht ist alles, was du bisher erlebt hast; du hast es selbst ausgelöscht; aber dir kommt aus einer Welt, die du selbst bis jetzt nicht erkannt hast, aus einer — ich möchte sagen — übergeistigen Welt, dein wahres Ich entgegen, das dem anderen Selbst nur noch eingehüllt war. Jetzt erst begegnet man sich, nachdem man sich völlig ausgelöscht hat, mit seinem wahren Ich, von dem das Ich innerhalb der physischen Welt das Schattenbild, die

Maja ist. Denn das wahre Ich des Menschen gehört der übergeistigen Welt an, und der Mensch steckt mit seinem wahren Ich, von dem ein schwaches Schattenbild das physische Ich ist, in der übergeistigen Welt drinnen. So ist ein innerliches Erleben das Aufsteigen zur übergeistigen Welt, das Erleben einer völlig neuen Welt am Abgrund des Seins und das Empfangen des wahren Ichs aus dieser übergeistigen Welt, am Abgrund des Seins." (Vortr. 7).

Im Drama ist dargestellt, dass ein Wesen in Marias Gestalt aus dem Abgrunde des Seins hervortretend von Strader erlebt wird. Man kann wohl sagen, dass sich ihm in dieser Gestalt sein wahres Ich offenbart. Rätselhaft erscheinen die Worte, die Strader am Abgrunde des Seins durch Maria vernimmt. Sie appelliert an seine eigene Kraft und an sein eigenes Licht und sagt ihm, dass er Finsternis ausstrahle. Was Strader hier erfährt, hat grossenteils allgemeine Gültigkeit; denn einerseits kann man nur durch eigenes Fühlen und Wollen zum inneren Erleben des Menschheitsideals gelangen, und andererseits wirkt das eigene Fühlen und Wollen verdunkelnd gegenüber der Weltenweisheit. Darauf hat Rudolf Steiner im vierten Vortrag des Zyklus „Inneres Wesen des Menschen..." hingewiesen, wo er sagt: „Ich habe Ihnen in den letzten Tagen davon gesprochen, dass man auf dem geistigen Plane das Menschheitsideal, den Inhalt der Götterreligion vor sich hat, dass man sich dahin durcharbeiten muss. Das kann man nicht, wenn man nicht in die Lage kommt, auf dem geistigen Plan, sein Wollen dort, also jetzt das Wollen, das fühlende Wollen, das wollende Fühlen, Wollen und Fühlen so anzuwenden, dass man die Weisheit, die einem immerfort dort zuströmt, die da ist wie die Erscheinungen der Natur in der physischen Welt, dass man diese Weisheit fortwährend vermindert, dass man fortwährend von ihr etwas wegnimmt. Man muss diese Fähigkeit haben, von der Weisheit, die dort einem entgegentritt, immer mehr und mehr wegzunehmen. Hier auf dem physischen Plan müssen wir immer weiser und weiser werden; dort müssen wir uns bemühen, unser Wollen, unser Fühlen so anzuwenden, dass wir von der Weisheit immer mehr und mehr wegnehmen, verdunkeln; denn je weniger wir wegnehmen können dort, desto weniger finden wir die Kräfte, um uns so mit diesen Kräften zu durchsetzen, dass wir uns als reale

36

Wesen dem Menschheitsideale annähern. Dieses Annähern muss darin bestehen, dass wir immer mehr und mehr von der Weisheit wegnehmen. Was wir da wegnehmen, das können wir umwandeln in uns selber, so dass die umgewandelte Weisheit die Lebenskräfte sind, die uns zu dem Menschheitsideale hintreiben."

Weiter ausgeführt ist dies an einer anderen Stelle desselben Vortrags mit folgenden Worten: „Erkenntnis zu sammeln in der geistigen Welt, darauf kommt es nicht an, wie hier auf dem physischen Plan; es kommt darauf an, sogar diese Erkenntnisse zu vermindern, nämlich die Erkenntniskraft umzuwandeln in Lebenskraft. Forscher kann man nicht sein in der geistigen Welt in dem Sinn, wie man es in der physischen Welt sein kann; das wäre dort sehr deplaciert. Denn wissen kann man dort alles; es ist alles um einen herum. Das, worauf es ankommt, ist, dass man den Willen und die Empfindung gegenüber dem Wissen, gegenüber der Erkenntnis entwickeln kann, dass man im Einzelfalle aus dem ganzen Schatze seines Wollens das gerade herausbringt, wodurch man die Weisheit anwenden kann; sonst erstickt oder ertrinkt man in der Weisheit. Also, während es hier in der physischen Welt auf das Denken ankommt, kommt es in der geistigen Welt an auf das entsprechende Ausbilden des Willens, des empfindenden Willens, des Willens, der aus der Weisheit heraus die Realität bereitet, formt, des Willens, der zur kreativen Kraft wird, zu einer Art schöpferischer Kraft. Den Geist haben wir dort, wie wir hier die Natur haben; aber den Geist zur Natur zu führen, das ist unsere Aufgabe... Wie man hier aus der physischen Realität die Weisheit herausbringt, macht man das dort umgekehrt. Aus der Weisheit heraus hat man die Aufgabe, Realitäten zu schaffen, in Realitäten auszuleben das, was dort in Weisheit ist. Das Ende der Götterwege ist geformte Wirklichkeit."

Im Lichte des wahren Ich erkennt Strader, dass sein eigenes Wollen Finsternis verbreitet. Das kommt zum Ausdruck in Marias Worten:

Wo ist dein Licht? — du strahlest Finsternis. —
Erkenne deine Finsternis — um dich —,
Du schaffst ins Licht die wirre Finsternis.

Gleichzeitig mit dem Bewusstsein des Verbreitens der Finsternis erhebt sich die Frage nach dem inneren Lichte, das

dem eigenen Wollen die Ziele weist, die es mit dem Welten-
wollen in Einklang bringen. Dies ist das Licht der moralischen
Intuition, die das individuelle Wollen durchleuchtet und —
wie das Gewissen — die selbstischen Wünsche überwindet.
Die Erkenntnis in diesem Lichte erfordert Mut. Durch Marias
Worte, „weil du zu feige bist, dein Licht zu strahlen", wird in
Strader an den Erkenntnismut appelliert. Ihr Hinweis auf seine
Schaffensgier bringt ihm zum Bewusstsein, dass sein Begierde-
feuer in Erkenntnisfeuer umzuwandeln ist. Ihre Worte „Du
schaffst ins Licht die wirre Finsternis" rufen Strader auf,
durch schöpferische Erkenntnis Licht zu schaffen.

Ahriman weckt in Strader Zweifel an Marias Worten, die
ja mit ahrimanischem Denken nicht zu begreifen sind. Auf
seine zweifelnde Frage erhält Strader von Benedictus die Antwort, dass ihm Maria als schützender Geist am Abgrunde
seines Daseins erschienen ist, und er wird aufgefordert, weiter
in den Abgrund zu blicken. Das tut er, und Benedictus gibt
ihm die Erklärung für das, was er schaut. Er sieht einerseits
bläulichrote Schatten, die Felix Balde locken, und andererseits
rot in gelbe Schatten, die sich zu Capesius hindrängen, und er
versteht, das Felix Balde und Capesius, jeder auf seine Art,
sich in Einsamkeit das Licht schaffen, das ihre Schatten überwindet. Die darauf folgenden Worte Ahrimans bringen zum
Ausdruck, dass die eigenen Schatten am schwersten wahrzu-
nehmen sind. Aber Strader erkennt, dass sie besonderer Art
sein müssen und dass er andere Geisteswaffen als Felix Balde
und Capesius braucht, um seine eigenen Widersacher zu überwinden. Das kommt klar zum Ausdruck in Marias Worten:

Es härtet Vater Felix sich die Waffen,
Die ihm Gefahren tilgen; — andre braucht,
Wer deiner Seele Wege wandeln muss.
Und was Capesius als Schwert sich formt,
Den Kampf mit Seelenfeinden mutig führend,
Für Strader wandelt' sich's zum Schattenschwert,
Wollt' er mit ihm den Geisteskrieg beginnen,
Den Schicksalsmacht den Seelen vorbestimmt,
Die tatenreifes Geisteswesen kraftvoll
In Erdenwirken umzuschaffen haben.
Du kannst für dich nicht ihre Waffen nutzen;
Doch kennen musst du sie, dass du die deinen
Dir sinnvoll aus dem Seelenstoffe schmiedest.

38

Betrachten wir den Verlauf von Straders Geistesschau, so
sehen wir, dass ihm zuerst die Widersachermächte in chaoti-
schem Durcheinander erscheinen. Gegenüber dem Chaos
werden seine geistigen Schöpferkräfte wachgerufen. Allmählich unterscheidet er die einzelnen Widersachermächte und
erkennt die Geisteswaffen, mit denen sie bekämpft werden
können.

Nun kommt Strader von seiner Geistesschau in das
Sinnesbewusstsein zurück. Er sieht sich nach Capesius, Felix
Balde und Frau Balde um. Diese treten zu ihm, und Felix
Balde versucht, seine ablehnende Einstellung gegenüber Stra-
ders Bestrebungen durch ein Beispiel zu erklären, indem er
sagt:

> Was Geist im Geiste schaut, soll auch nur geistig
> Empfangen und erlebt von Seelen werden.
> Wie töricht wär' es, wenn Felicia
> Die Märchenwesen, die sie seelisch lebt,
> Und die auch seelisch nur erlebt sein wollen,
> Auf Puppenbühnen möchte tanzen lassen.
> Es wäre aller Zauber dann hinweg.

Da wird Felix Balde von Felicia entschieden widersprochen.
Sie würde gern ihre Märchenwesen auf Puppenbühnen sehen.
Über Straders Plan freut sie sich und ebenso darüber,

> Dass auch Thomasius den Geist, versinnlicht,
> Im Stoffe darzustellen sich bestrebt.

Frau Baldes Phantasie-Kräfte haben Capesius zur Geistesschau
geführt. Sie wollen mithelfen, die Geistes-Impulse in die
Sinneswelt zu tragen, indem sie in der künstlerischen und in
der moralischen Phantasie wirken.

Viertes Bild

Das vierte Bild des Dramas beginnt mit einem Gespräch zwischen dem Bureauchef und Romanus, wobei der Bureauchef die Auffassung vertritt, dass Strader sich stets durch Naturdämonen verblenden lasse, „wenn er mit starkem Wunsch — zu seinen Taten" den Weg im äussern Lebenswerke suche. Romanus erwidert, dass Strader aber auch noch nicht von den guten Geisteswesen verlassen sei, „welche Menschen führen, die noch ganz ausserhalb des Geistes stehen". Er fügt hinzu:

> Von Mysten streben diese Geister fort,
> Wenn diese ihren Bund mit Wesen schliessen,
> Die *ihrer* Geistesstimmung dienstbar sind.
> Ich kann in Straders Art ganz deutlich fühlen
> Wie seinem Selbst Naturdämonen noch
> Die Früchte ihrer guten Kräfte schenken.

Über böse und gute Naturwesen sagt Rudolf Steiner im Vortrag vom 3. November 1923 folgendes: „Sie sehen, diese Dinge haben schon eine tief reale Bedeutung. Sie haben aber eine tief reale Bedeutung auch sonst noch für den Menschen. Nehmen Sie die Gnomen und Undinen. Sie sind sozusagen in der Welt, die an die Welt des menschlichen Bewusstseins angrenzt. Sie liegen schon jenseits der Schwelle. Das gewöhnliche Bewusstsein ist davor geschützt, diese Wesenheiten zu sehen, weil diese Wesenheiten eigentlich nicht alle gutartig sind. Gutartige Wesenheiten sind diejenigen, die ich früher geschildert habe, die z. B. am Pflanzenwachstum in der verschiedensten Weise arbeiten. Aber nicht alle sind gutartige Wesen. Und in dem Augenblicke, wo man einbricht in die Welt, wo diese Wesenheiten wirken, sind nicht bloss diese gutartigen da, sondern es sind auch die bösartigen da. Und man muss sich da erst eine Auffassung davon verschaffen, welche von ihnen nun gutartig, welche bösartig sind. Das ist nicht so ganz leicht. Sie werden das daraus sehen, wie ich Ihnen die bösartigen schildern muss. Die bösartigen Wesenheiten unterscheiden sich vor allen Dingen dadurch von den gutartigen, dass die gutartigen sich mehr an das Pflanzenreich und an das Mineralreich halten; aber die bösartigen wollen immer heran an das Tierreich und an das Menschenreich. Noch bösere dann auch an das Pflanzenreich und an das Mineralreich. Aber man bekommt schon einen ganz respektablen Begriff von der Bösartigkeit, die die Wesenheiten dieses Reiches haben können, wenn man sich auf diejenigen einlässt, die an den Menschen und an die Tiere heranwollen und im Menschen eigentlich das vollbringen wollen, was durch die höheren Hierarchien zugeteilt ist den gutartigen für die Pflanzen- und Mineralwelt. — Sehen Sie, da gibt es eben solche bösartigen Wesenheiten aus dem Gnomen- und Undinenreich, welche sich an Menschen und Tiere heranmachen und bewirken, dass das, was sie eigentlich zu den niederen Tieren hinzufügen sollen, sich im Menschen auf physische Art verwirklicht. Im Menschen ist es ja ohnedies schon da. Im Menschen soll es sich auf physische Art verwirklichen, auch im Tiere, und dadurch — durch die Anwesenheit dieser bösartigen Gnomen- und Undinenwesenheiten — leben im Menschen und im Tiere niedrigere Tier- oder Pflanzenwesen, Parasiten. Und so sind die bösartigen Wesenheiten die Hervorbringer der Parasiten. Aber, ich möchte sagen, in dem Augenblicke, wo der Mensch die Schwelle zur geistigen Welt übertritt, kommt er gleich in die Finessen dieser Welt hinein. Da sind überall eigentliche Fallstricke, und man muss schon von den Wichtelmännern erst etwas lernen, nämlich aufpassen... Es könnte nun einer sagen: wozu sind denn nun überhaupt diese bösartigen Gnomen- und Undinenwesen da, wenn sie parasitäre Wesen hervorrufen? Ja, wären sie gar nicht da, diese Wesenheiten, dann würde nämlich der Mensch nicht in sich die Kraft entwickeln können, seine Gehirnmasse auszubilden. Und da kommt man auf etwas, was ausserordentlich bedeutungsvoll ist... Das Gehirn ist durchaus höhere Metamorphose der Ausscheidungsprodukte. Daher der Zusammenhang der Gehirnkrankheiten mit den Darmkrankheiten. Daher auch der Zusammenhang der Heilung der Gehirnkrankheiten und der Darmkrankheiten. — Sehen Sie, indem nun Gnomen und Undinen da sind, überhaupt eine Welt da ist, wo Gnomen und Undinen leben können, sind die Kräfte vorhanden, welche ja gewiss vom unteren Menschen aus Parasiten bewirken können, die aber zu gleicher Zeit die Veranlassung sind, im oberen Menschen die Ausscheidungsprodukte ins Gehirn umzumetamorphosieren. Wir könnten gar nicht ein Gehirn haben, wenn die Welt nicht so eingerichtet wäre, dass es Gnomen und Undinen geben kann. — Das, was für Gnomen und Undinen in bezug auf die Zerstörungskräfte gilt — Zerstörung, Abbau gehen ja dann wiederum vom Gehirn aus —, das gilt für Sylphen- und Feuerwesen in bezug auf die Aufbaukräfte. Wiederum, die gutartigen Sylphen- und Feuerwesen halten sich ferne von Menschen und Tieren und beschäftigen sich mit dem Pflanzenwachstum in der Weise, wie ich es angedeutet habe; aber es gibt eben bösartige; diese bösartigen, die tragen vor allen Dingen das, was nur in den oberen, in den Luft- und Wärmeregionen sein soll, hinunter in die wässrigen und irdischen Regionen." (Gedruckt in „Der Mensch als Zusammenklang des schaffenden, bildenden und gestaltenden Weltenwortes".)

Aus dieser Darstellung ist ersichtlich, dass der Mensch die Mitwirkung gewisser Naturwesen braucht, da sie ihm die Werkzeuge für wichtige Fähigkeiten schaffen helfen. Noch deutlicher ausgesprochen ist das im Vortrag vom 2. April 1923, wo Rudolf Steiner sagt: „Aber diese Elementarwesen braucht der Mensch ... das alles liegt ja nicht in seinem Bewusstsein, aber der Mensch braucht sie trotzdem, um sie mit sich zu vereinigen, damit er seine Zukunft vorbereiten kann. Und der Mensch kann diese Elementarwesen mit sich vereinigen, wenn er — zu einer Festeszeit, die in das Ende des September fiele — mit einer besonderen inneren seelenvollen Lebendigkeit empfinden würde, wie die Natur gerade gegen den Herbst zu sich verändert; wenn der Mensch empfinden könnte, wie da das tierisch-pflanzliche Leben zurückgeht, wie gewisse Tiere sich anschicken, ihre schützenden Orte auszusuchen für den Winter, wie die Pflanzenblätter ihre Herbstesfärbung bekommen, wie das ganze Natürliche verwelkt... Durchdrungen sollte der Mensch werden aus der anthroposophischen Geisteswissenschaft heraus von der Wahrheit, dass gerade das *geistige* Leben des Menschen auf Erden zusammenhängt mit dem absteigenden physischen Leben. Indem wir denken, geht ja unsere physische Materie in dem Nerv zugrunde; der Gedanke ringt

42

sich aus der zugrunde gehenden Materie auf. Das Werden der Gedanken in sich selber, das Aufglänzen der Ideen in der Menschenseele und im ganzen menschlichen Organismus verwandt fühlen mit den sich gelb färbenden Blättern, mit dem welkenden Laub der Pflanzen, mit dem Dürrwerden der Pflanzen, dieses Sich-verwandt-Fühlen des menschlichen Geistseins mit dem Naturgeistsein: das kann dem Menschen jenen Impuls geben, der seinen Willen verstärkt, jenen Impuls, der den Menschen hinweist auf die *Durchdringung des Willens mit Geistigkeit*." (Gedruckt in „Der Jahreskreislauf...")

Mit diesen letzten Worten des Zitates ist ja hingedeutet auf das, was ganz besonders von Strader erstrebt wird. Seine starke Verbindung mit den Naturwesen wird sowohl vom Bureauchef als auch von Romanus empfunden. Der Bureauchef fühlt sich gerade deswegen von Strader abgestossen. Romanus findet das begreiflich. Aber er selbst fühlt sich in besonderer Art zu Strader hingezogen und erklärt das damit, dass er ihm wohl von einem früheren Erdenleben her verschuldet sein müsse. Er glaubt, sein Schicksalsverhältnis gegenüber Strader zu durchschauen und daher sich so verhalten zu können, dass ihm Straders Macht nichts schadet.

Über ein den Andeutungen des Romanus entsprechendes früheres Erdenleben der Persönlichkeit, die Straders Urbild ist, hat Rudolf Steiner im Vortrag vom 18. September 1924 gesprochen, wo er sagt: „Bei der Persönlichkeit, die das Urbild des Strader ist, trat etwas auf, wie wenn sie überhaupt nicht in der Lage wäre, ungehindert dieses unmittelbar auf den Tod folgende seelische Leben gegen die Mondenregion zu durchzumachen; fortwährend gab es Hindernisse, wie wenn die Mondenregion diese Individualität nicht herankommen lassen wollte. — Und wenn man in bildhafter Imagination verfolgte, was da eigentlich war, dann zeigte sich das Folgende: Es war, wie wenn die Geister, also die Urlehrer der Menschheit, die einmal die ursprüngliche spirituelle Wissenschaft der Menschheit gebracht haben, wie wenn diese Urlehrer der Menschheit immer diesem Urbilde des Strader zurufen würden: Du kannst nicht zu uns, denn du darfst deiner besonderen menschlichen Qualität wegen noch nichts wissen von den Sternen; du musst warten, du must Verschiedenes erst dir wiederholen von dem, was du nicht bloss in der letzten, sondern in den früheren Inkarnationen durchgemacht hast, damit du reif wirst, überhaupt irgend etwas wissen zu dürfen von den Sternen und ihrer Wesenheit... Wenn man nun hinüberkommt über diese — ich möchte sagen — die Sternenwelten immer wie im Nebel zeigenden Erscheinungen zu dem vorigen Erdenleben dieser Persönlichkeit, da findet man etwas höchst Merkwürdiges. Da wird man zunächst — wenigstens ich wurde es — geführt zu dem Sängerkrieg auf der Wartburg 1206... Es ist ja bekannt, worin der Sängerkrieg auf der Wartburg bestand, wie da kämpften um den Ruhm von Fürsten und um ihre eigene Geltung Walther von der Vogelweide, Wolfram von Eschenbach, Reinmar von Zweter, dass aber einer da war, der im Grunde gegen alle war: *Heinrich von Ofterdingen.* — Und in diesem Heinrich von Ofterdingen fand ich die Individualität, die dem Urbilde des Strader zugrunde lag, wieder. — Also haben wir es mit dem Heinrich von Ofterdingen zu tun — und wir müssen unsern Blick darauf wenden: Warum hat Heinrich von Ofterdingen, nachdem er durch die Pforte des Todes gegangen ist, die Schwierigkeit, wie im Dämmerzustand durchzugehen durch die Sternenwelt? Warum? — Da braucht man nur die Geschichte des Sängerkrieges ein wenig zu verfolgen: Heinrich von Ofterdingen nimmt den Kampf auf gegen die andern. Man hat schon den Henker gerufen... er soll gehenkt werden, wenn er verliert. Er entzieht sich der Sache. Aber er ruft, um einen erneuerten Kampf herbeizuführen, aus dem Ungarlande den Zauberer Klingsor... Nun hatte Heinrich von Ofterdingen den Klingsor herbeigerufen, hatte also den Bund geschlossen mit der unchristlichen Sternenweisheit. Dadurch ist in einer gewissen Weise Heinrich von Ofterdingen verbunden geblieben nicht nur mit der Persönlichkeit des Klingsor, die später aus seinem übersinnlichen Leben eigentlich verschwunden ist, sondern namentlich verbunden geblieben zunächst mit der entchristeten Kosmologie des Mittelalters. Und so lebt er weiter zwischen dem Tode und einer neuen Geburt, wird dann wiedergeboren in der Art, wie ich's Ihnen geschildert habe, lebt sich in eine gewisse Unsicherheit des Christentums hinein. — Aber das Wesentliche ist dieses: er stirbt wiederum, macht den Weg zurück, und indem er den Weg zurückmacht in der Seelenwelt, steht er auf Schritt und Tritt der Notwendigkeit gegenüber, um wiederum an die

Sternenwelt heranzukommen, durch den harten Kampf durchzugehen, den Michael bei Inanspruchnahme seiner Herrschaft führen musste gerade im letzten Drittel des 19. Jahrhunderts gegen jene dämonischen Gewalten, die mit der unchristlichen Kosmologie des Mittelalters zusammenhängen... Und wenn man dann verfolgt, wie geartet in ihrem Karma die auf materialistische Weise gescheitesten Menschen der Gegenwart sind, dann kommt man darauf, dass diese Menschen zumeist in früheren Erdenleben etwas zu tun hatten mit der kosmologischen Abirrung ins Schwarzmagische. Das ist ein bedeutsamer Zusammenhang ... Aber es zeigt sich hier, welche Schwierigkeiten bestehen, wenn man in richtiger Weise an die Sternenweisheit herankommen will."

Wir sehen hier wiederum Straders Situation als die Situation des Vertreters der modernen Naturwissenschaft und Straders Aufgabe, von dieser Situation aus zur Christus-Erkenntnis vorzudringen, als die entscheidende Aufgabe der modernen Naturwissenschaft.

Der Bureauchef und Romanus gehen weiter, und von einer anderen Richtung her kommt in Gedanken versunken Johannes und setzt sich auf einen Felsen. Er spricht zunächst mit sich selbst. Aus seinen Worten entnehmen wir, dass die im zweiten Bilde des Dramas dargestellten Erlebnisse in ihm nachwirken. Er wundert sich darüber, dass er vieles von dem, was er bereits klar gewusst hatte, wieder vergessen konnte, und sagt: „Wie kann ich nur mein Wissen mir behüten?" Da hört er aus der Ferne die Worte: „Verzaubertes Weben des eigenen Wesens." Er erinnert sich daran, dass diese von einem rätselhaften Wesen zu ihm gesprochenen Worte in ihm die Kraft erzeugt hatten, den Geist seiner Jugend zu schauen, und dass dasselbe rätselhafte Wesen ihm nachher gesagt hatte, sein Erwachen bleibe ein Wahn, bis er den Schatten selbst erlöse, dem seine *Schuld* verzaubertes Leben schaffe. Johannes hatte diesen Rat, den Geist seiner Jugend zu erlösen, als wahr erkannt, und er hatte sich entschlossen, ihn zu befolgen. Jetzt meint er, wieder denselben rätselvollen Geist zu vernehmen, da er dieselben Worte hört. Diesmal werden sie jedoch vom Doppelgänger gesprochen, während sie vorher von der „anderen Philia" gesprochen worden waren. Johannes merkt nicht den Unterschied und meint, er höre wieder die „andere Philia" und nicht den Doppelgänger. Beide Wesen stehen in enger Beziehung zu dem Geiste seiner Jugend, dem Schattenwesen, welchem die eigene Schuld verzaubertes Leben schafft. Auf diese Beziehungen hat Rudolf Steiner im Zyklus „Die Geheimnisse der Schwelle" hingewiesen, indem er sagt: „Johannes muss noch so seine Seele erkraften, dass das, was noch ziemlich subjektiv bleibt, ihm entgegentritt: ‚verzaubertes Weben des eigenen Wesens‘, das wird objektiv. Und mit diesen Worten erkraftet er auch seine Seele, mit den Worten ‚verzaubertes Weben des eigenen Wesens‘. Und indem dieses verzauberte Weben des eigenen Wesens heraufkommt, sich nähert dem anderen Selbst, steht sich Johannes gegenüber als Doppelgänger, als Geist des jungen Johannes, als andere Philia." (Vortr. 7)

Es ist zu beachten, dass die „andere Philia" beim Auftreten des Geistes des jungen Johannes von einem hemmenden zu einem die Entwicklung fördernden Wesen verwandelt ist. Rudolf Steiner hat die Verwandlungsfähigkeit der „anderen Philia" in ähnlicher Weise dargestellt wie diejenige der „anderen Maria". Er sagt im selben Vortrag: „Die andere Philia ist auch in gewisser Beziehung das andere Selbst, das noch in den Tiefen der Seele drinnen ruht und sich nicht ganz losgelöst hat; das zusammenhängt mit etwas, was der geistigen Welt hier in der physischen Welt am ähnlichsten ist, zusammenhängt mit der allwaltenden Liebe und was einen hinaufführen kann in die höheren Welten, weil es mit dieser Liebe zusammenhängt."

Da in dem Seelengebiete, wo die „andere Philia" anzutreffen ist, alles sich in Verwandlung befindet, können dort leicht Verwechslungen vorkommen. Darauf hat Rudolf Steiner im selben Vortrag hingewiesen, indem er sagt: „Nun habe ich Ihnen charakterisiert, dass, indem sich der Mensch in die elementarische Welt hineinlebt — und gewisse Merkmale dieses Hineinlebens bleiben ja auch, wenn sich der Mensch in die geistige Welt hinauflebt —, der Mensch sich aneignen muss die Verwandlungsfähigkeit, weil in der geistigen Welt alles in Verwandlung ist, weil da nicht eine starre, abgeschlossene Form ist. Form ist in der physischen Welt nur. In der elementarischen Welt ist Beweglichkeit, Verwandlungsfähigkeit. Damit ist aber verknüpft, dass, weil alles in stetiger Verwandlung ist, Verwechslungen eintreten können, wenn einem irgend etwas Wesenhaftes entgegentritt. Es ist alles in stetiger Verwandlung. Wenn man sozusagen nicht gleich nachkommt, so verwechselt man das eine mit dem anderen. Das ist es, was Johannes Thomasius passiert, indem er zuerst die andere Philia vor sich hat und dann den Doppelgänger für die andere Philia hält. Solche Verwechselungen treten ausserordentlich leicht ein. Man muss sich klar sein, dass man sich erst hindurcharbeiten muss zum wahren Anschauen der höheren Welten und dass da gerade leicht wegen der Verwandlungsfähigkeit Verwechselungen eintreten können. Und die Art, wie sich diese Verwechselungen herausstellen, sind ausserordentlich bedeutsam für den Gang, den die Entwicklung einer Seele nimmt."

Wir sahen im zweiten Bilde den Geist von Johannes' Jugend ganz unter der Herrschaft Luzifers. Theodora sprach von der Erlösung dieses Schattenwesens. Die Erlösung aus dem Reiche Luzifers, des Wunschbeherrschers, ist nur durch Überwindung selbstischer Wünsche möglich. Dass dabei Ahriman mithelfen kann, wurde bereits im vorangehenden Drama gezeigt, wo wir sahen, dass Johannes seine die Geistesschau verfälschenden Wünsche im Reiche Ahrimans überwindet. Der Doppelgänger, der mit Ahriman in Beziehung steht, kann mithelfen, dasselbe zu erreichen.

Im vorangehenden Drama wird (im Reiche Luzifers) gezeigt, dass Johannes seinen Doppelgänger durch den Gebrauch des strengen Denkens von einem schreckenden zu einem helfenden Wesen verwandelt hat. Nun versucht der Doppelgänger, zu dem unter Luzifers Herrschaft stehenden Geist von Johannes' Jugend zu gelangen, um ihn mittels der umgewandelten ahrimanischen Kräfte zu befreien. Er sagt zu Johannes im Hinblick auf seinen Geist der Jugend:

> Ich konnt' in Schattenreiche zu ihm dringen,
> Wenn du zu Geistessphären dich erhobest;
> Doch seit die Wunschesmächte dich verlockt,
> Und du den Sinn zu diesem Wesen wandtest,
> Erlischt mir stets die Kraft, wenn ich es suche.
> Doch, wenn du meinem Rate folgen willst,
> So wird die Kraft sich wieder schaffen dürfen.

Als Johannes sich durch strenges Denken in Geistessphären erhoben hatte, konnte der verwandelte Doppelgänger ihn von Luzifer zurückfordern. Johannes war nahe daran, dass sein Herz in ihm dem Geist sich fügte. Dann vermochte Luzifer nochmals eine verhängnisvolle Verwandlung herbeizuführen, indem er in Johannes die Liebe zum höheren Selbst, das sich ihm durch Maria offenbarte, in ein selbstisches Begehren nach Theodoras reiner Geistesschau umwandelte. So kam es, dass Johannes sich mit ungestümen Wünschen dem Hüter der Schwelle näherte und zu einer Geistesschau gelangte, die durch Wünsche in Wahn verwandelt wurde. Er konnte den Wahn im Reiche Ahrimans überwinden und erkannte, dass die Liebe, mit der er zu Theodora hinzustreben glaubte, in Wirklichkeit Selbstliebe war. Wohl gelang es ihm damit, eine bestimmte Art selbstischer Wünsche zu überwinden; aber in anderer Form erwachte sein selbstisches Wünschen von neuem, indem er Maria auf früherer Entwicklungsstufe im Schattenreich suchte,

Wo abgelebtes Seelenleben sich
Aus Wahneswesen flüchtig Sein erlistet
Und Traumesgaukelspiel den Geist umspinnt,
Weil er geniessend sich vergessen will,
Und Ernst ihm unbehaglich scheinen kann.

Da zeigten sich die Wünsche in Verbindung mit dem Vergangenheitswesen, dem die Schuld verzaubertes Leben schafft. Nun will der Doppelgänger zur Erlösung des verzauberten Wesens die durch das Vergangenheitsschicksal bedingten Wünsche und Lebensimpulse auf sich lenken. Er sagt:

So gib jetzt *mir*, was du dem Wesen schuldest;
Die Kraft der Liebe, die zu ihm dich treibt,
Des Herzens Hoffnung, die von ihm erzeugt,
Das frische Leben, das in ihm verborgen,
Die Früchte langvergangner Erdenleben,
Die dir mit seinem Sein verloren sind;
O gib sie *mir*; ich bring sie treulich *ihm*.

Der Doppelgänger ist bestrebt, den Menschen nach dem Vorbilde seines höheren Selbst zu verwandeln und ihn so auf rechte Weise zum Hüter der Schwelle zu führen. Im zweiten Mysteriendrama sagt er zu Johannes:

Ich weiche nicht von dir,
Bis du die Kraft gefunden,
Die mich zum Gleichnis macht
Des Wesens, das du werden sollst.

Die Verwandlung des Doppelgängers eines Menschen bezeugt seine eigene Verwandlung. Indem Johannes seine durch Vergangenheitsschicksal bestimmten Wünsche und Lebensimpulse dem Doppelgänger gibt, gelangt er durch ihn zur Schau seines Geistes der Jugend, erkennt ihn als den inneren Ratgeber und wird von ihm zum Hüter der Schwelle geführt.

Der Hüter der Schwelle muss jetzt Johannes nicht mehr so eindringlich warnen wie im vorangehenden Drama, sondern kann ihm raten, wie zu erreichen ist, was er erstrebt. Vor allem gilt es, die Wünsche zu überwinden, weil sie die Seelenschau verwirren. Auch der Hüter kann nur als Wahngebilde erscheinen, „wenn Wunscheswahn dem Schauen sich verbündet". Johannes beginnt zu zweifeln, ob es ihm überhaupt möglich sein wird, zur Wahrheit zu gelangen. Er sagt:

Wie soll ich Wahrheit wissen, find ich doch
Im Weiterschreiten eine Wahrheit nur:
Dass ich den Wahn stets dichter mir gestalte.

Solche Zweifel pflegen einzutreten, bevor man zu einem inneren Erleben der Wahrheit gelangt. Das beschreibt Rudolf Steiner im Zyklus „Die okkulten Grundlagen der Bhagavad Gita" mit folgenden Worten: „Für den heutigen Menschen ist eines notwendig, wenn er zu einer innerlich erlebten Wahrheit kommen will. Wenn er wirklich einmal innerlich Wahrheit erleben will, dann muss der Mensch einmal durchgemacht haben das Gefühl der Vergänglichkeit aller äusseren Verwandlungen, dann muss der Mensch die Stimmung der unendlichen Trauer, der unendlichen Tragik und das Frohlocken der Seligkeit zugleich erlebt haben, erlebt haben den Hauch, den Vergänglichkeit aus den Dingen ausströmt. Der muss sein Interesse haben fesseln können an diesen Hauch des Werdens, des Entstehens und der Vergänglichkeit der Sinnenwelt. Dann muss der Mensch, wenn er höchsten Schmerz und höchste Seligkeit an der Aussenwelt hat empfinden können, einmal so recht allein gewesen sein, allein gewesen sein nur mit seinen Begriffen und Ideen. Dann muss er einmal empfunden haben: Ja, in diesen Begriffen und Ideen da fassest du doch das Weltengeheimnis, das Weltengeschehen an einem Zipfel — derselbe Ausdruck, den ich einstmals gebraucht habe in meiner ‚Philosophie der Freiheit'! Aber erleben muss man dieses, nicht bloss verstandesmässig begreifen, und wenn man es erleben will, erlebt man es in völliger Einsamkeit. Und man hat dann noch ein Nebengefühl. Auf der einen Seite erlebt man die Grandiosität der Ideenwelt, die sich ausspannt über das All, auf der anderen Seite erlebt man mit der tiefsten Bitternis, dass man sich trennen muss von Raum und Zeit, wenn man mit seinen Begriffen und Ideen zusammen sein will. Einsamkeit! Man erlebt frostige Kälte. Und weiter enthüllt sich einem, dass die Ideenwelt sich jetzt wie in einem Punkte zusammengezogen hat, wie in einem Punkte dieser Einsamkeit. Man erlebt: Jetzt bist du mit ihr allein. — Man muss das erleben können. Man erlebt dann das Irrewerden an dieser Ideenwelt, ein Erlebnis, was einen tief aufwühlt in der Seele. Dann erlebt man es, dass man sich sagt: Vielleicht bist du das alles doch nur selber, vielleicht ist an diesen Gesetzen doch nur wahr, dass es lebt in dem Punkte deiner eigenen Einsamkeit. — Dann erlebt man, ins Unendliche vergrössert, alle Zweifel am Sein." (Vortr. 2)

Im zweifelnden Denken findet Ahriman willkommene Angriffspunkte. So meldet er sich auch da, wo Johannes in tiefsten Zweifel geraten ist. Kommt jedoch der Zweifel an allem Äusseren aus dem Erleben des Wahrheitsgrundes im Innern, so lässt sich der Mensch nicht durch Ahriman verwirren, sondern beginnt, auch an dessen Einflüsterungen zu zweifeln, wie es Johannes tut, indem er sagt: ,,Auch seiner *Worte Inhalt* könnte trügen?" Dann wird Johannes vom Doppelgänger auf sich selber verwiesen mit den Worten:

> Frag dich selber nur.
> Ich will mit meiner Kraft dich tüchtig rüsten,
> Dass du in dir die Stelle wachend findest,
> Die schauen darf, wonach kein Wunsch dich brennt.
> Erkrafte dich.

Über die Erkraftung des Selbst sagt Rudolf Steiner im vierten Vortrag des erwähnten Zyklus folgendes: ,,In unserer

Gegenwart wird dieses Mehr von Selbstbewusstsein, dieser Überschuss herausgebildet aus unserer Seele durch dasjenige, was wir erleben können durch solche Übungen, wie sie erwähnt sind in dem Buche: ‚Wie erlangt man Erkenntnisse der höheren Welten?‘ Es findet zunächst also eine solche Verstärkung, Erkraftung des Selbst statt. Weil der Mensch sozusagen empfindet, dass er das braucht, so überkommt ihn auch etwas wie eine Art Furcht, eine Art Angst, eine Art Scheu, hinauf sich zu entwickeln in die höheren Welten, wenn er diese Stärke im inneren Selbst noch nicht erlangt hat. Nun habe ich oftmals betont, dass die Menschenseele im Verlaufe der Evolution die verschiedensten Stadien durchgemacht hat. Was heute eine solche Menschenseele der Gegenwart erlangen kann durch die genannten Übungen, an Erhöhung, an Erkraftung des Selbstbewusstseins, das konnte sie in der Zeit auf dieselbe Art nicht eigentlich erreichen, in der Zeit, in welche wir zu versetzen haben den erhabenen Sang, die Bhagavad- Gita.... Diese Menschen konnten sich sagen: Wenn ich die physische Umwelt schaue, dann bekomme ich Eindrücke durch meine Sinne, dann können diese Eindrücke der Sinne durch den Verstand, der an das Gehirn gebunden ist, kombiniert werden. Aber ich habe ausserdem noch eine andere Kraft, durch die ich hellsehend ein Wissen mir aneignen kann von anderen Welten. Und diese Kräfte bezeugen mir, dass die Menschen auch noch anderen Welten angehören, dass ich als Mensch noch hinausrage in andere Welten über die gewöhnliche physische Welt hinaus. — Das aber ist eben das verstärkte Selbstbewusstsein, das unmittelbar in der Seele hervorspriessen lässt das Wissen, dass diese Seele nicht allein der physischen Welt angehört. Es ist gleichsam ein Überdruck im Selbst, was da hervorgerufen wird durch jene, wenn auch letzten Reste hellsichtiger Kraft. Und heute wiederum kann der Mensch solche Kräfte eines Überdruckes in sich entwickeln, wenn er entsprechende okkulte Übungen in seiner Seele vollzieht."

Zu beachten ist, dass an dieser Stelle auch Ahriman vom „Kräftedruck" spricht, aber nicht so, dass dadurch die Erkraftung des Selbst angeregt wird. Die Erkraftung des Selbst im Denken wird durch Rudolf Steiner im selben Zyklus mit folgenden Worten beschrieben: „Wenn man dieses Erlebnis in seiner Ideenwelt hat, wenn sich aller Zweifel am Sein schmerzlich und bitter abgeladen hat über die Seele, dann erst ist man im Grunde reif dazu, zu verstehen, wie es doch nicht die unendlichen Räume und die unendlichen Zeiten der physischen Welt sind, die einem die Ideen gegeben haben. Jetzt erst, nach dem bitteren Zweifel, öffnet man sich den Regionen des Spirituellen und weiss, dass der Zweifel berechtigt war — und wie er berechtigt war —, denn er musste berechtigt sein, weil man geglaubt hat, dass die Ideen aus den Zeiten und Räumen in die Seele gekommen seien. Aber was empfindet man jetzt? Als was empfindet man die Ideenwelt, nachdem man sie erlebt hat aus den spirituellen Welten heraus? Jetzt fühlt man sich zum ersten Male inspiriert, jetzt beginnt man, während man früher wie einen Abgrund die unendliche Öde um sich ausgedehnt empfunden hat, jetzt beginnt man sich zu fühlen wie auf einem Felsen stehend, der aus dem Abgrunde emporwächst, und man fühlt sich so, dass man weiss: Jetzt bist du in Verbindung mit den geistigen Welten, diese und nicht die Sinneswelt haben dich mit der Ideenwelt beschenkt." (Vortr. 2.)

Nachdem Johannes den Zweifel überwunden und sein Selbst erkraftet hat, meditiert er die Worte:

> Verzaubert Weben meines eignen Wesens,
> Verkünde mir, wonach kein Wunsch mich brennt.

Darauf verschwindet der Hüter, und an seiner Stelle erscheinen Benedictus und Maria. Sie sprechen Worte, die der Hüter gesprochen hat und verschwinden dann gleichzeitig mit dem Doppelgänger. Johannes erkennt, dass der Hüter sich ihm jetzt durch Benedictus und Maria offenbart hat und dass er auch deren wahres Wesen nur dann finden wird, wenn er es wunschlos sucht. Das verzauberte Weben seines eigenen Wesens gebietet ihm, ihr wahres Wesen zu suchen. Er geht nach der linken Seite der Landschaft ab.

Von der rechten Seite kommen Strader, Benedictus und Maria. Strader äussert seine Zuversicht im Hinblick auf das von Hilarius geplante Werk. Wohl weiss er, dass Capesius sich davon abwendet; aber an der Mitarbeit der andern Freunde zweifelt er nicht. So muss es ihn wie schwere Schläge treffen, von Benedictus zu erfahren, dass auch Johannes noch nicht bereit ist, „die Geisteskraft ins Sinnessein zu tragen" und dass Maria Johannes mit sich nehmen muss, „wenn sie vom Geistessein ins Sinnenreich zurück den Weg in Wahrheit finden soll". Strader sieht sich plötzlich mit seinen Zielen allein. Dazu kommt, dass Benedictus ihm sagt, er habe an seinem Schicksalsverlauf abgelesen, dass er noch mit Wesensarten verbunden sei, „die Böses wirken müssten, griffen sie schon jetzt ins Menschenwalten schaffend ein". Diese Mitteilungen des Benedictus hätten niederschmetternd wirken können. Die Art, wie Strader sie entgegennimmt, zeigt, dass er bereits eine starke innere Kraft entwickelt hat. Er sagt, dass die Einsamkeit, in der er sich jetzt befinde, ihm wahrlich das Schwert schmieden müsse, von dem Maria in seiner Geistesschau gesprochen habe. Darauf erscheint ihm Theodoras Seele und verspricht ihm, in Lichteswelten die Wärme zu schaffen, damit sein Geistesschwert die Seelenfeinde kräftig treffe. Dann entfernt sich Strader.

Das ganze Gespräch zwischen Benedictus und Strader zeigt uns eine wichtige Prüfung des Menschen, der sich anschickt, Geistesimpulse in der Sinneswelt zu verwirklichen. Eine der Hauptfähigkeiten, die dafür erforderlich sind, ist die Geduld. Es ist eine harte Geduldsprobe für Strader, zu erfahren, dass seine Mitarbeiter noch nicht bereit sind und dass gewisse Schaffenskeime in ihm selbst noch nicht in heilsamer Weise verwirklicht werden können. Für den aus Geistesimpulsen in der Aussenwelt Wirkenden ist es wichtig, zu warten, bis die äussere und die innere Situation für seine Taten reif ist. Er muss auch ertragen können, dass viele seiner Schauungen unverwirklicht bleiben. Warum viele Visionen fallen gelassen werden müssen, erklärt Rudolf Steiner in den Vorträgen „Über den Sinn des Lebens" mit folgenden Worten: „Nehmen wir an, es würden alle Weizenkörner, welche entstehen, wirklich an ihr Ziel gelangen und wieder Ähren werden. Was wäre da die Folge?... Die Wesenheiten, die sich von Korn oder Weizen ernähren müssen, hätten keine Nahrung. Damit diejenigen Wesenheiten, die wir nur allzugut kennen, hinaufkommen konnten auf die jetzige Stufe der Entwicklung, mussten hinter ihrem Ziele zurückbleiben die Wesenheiten, die wir eben angeführt haben, die sozusagen in den Abgrund hinuntersinken müssen gegenüber der Sphäre ihres eigenen Zieles."

(Vortr. 2, S. 3.) „Nun werfen wir einen Blick auf das, was uns
draussen umgibt und auf das, was wir als ausgewählte Visionen
haben, — auf das, was sich aussondert von den unermesslichen
Möglichkeiten der Visionen. Das, was wir so erheben zu einer
für uns gültigen Vision, dient zu unserer inneren Entwicklung.
Was dann hinuntersinkt, wenn wir das ganze, unermessliche
Feld des visionären Lebens überblicken, was da einzeln hinuntersinkt, das versinkt nicht ins Nichts, sondern es sinkt in
die Aussenwelt und befruchtet dieselbe. Was wir ausgewählt
haben von den Visionen, das dient zur Weiterentwicklung.
Die andern, die gehen von uns weg und vereinigen sich mit
dem, was um uns ist, mit dem nicht zum Ziele gelangten
Leben."

Benedictus bringt die Wirkenskeime, die er in Strader
wahrnimmt, in Zusammenhang mit Wesensarten,

> Die Böses wirken müssten, griffen sie
> Schon jetzt ins Menschenwalten schaffend ein;
> Doch leben sie ein keimhaft Sein in Seelen,
> Um künftig für die Erde reif zu sein.

Anschliessend sagt Benedictus zu Strader:

> In Eurer Seele sah ich solche Keime.
> Dass Ihr sie nicht erkennt, ist Euch zum Heil.
> Sie werden sich durch Euch erst selbst erkennen.
> Doch jetzt ist ihnen noch der Weg verschlossen,
> Der sie ins Stoffgebiet hinüberführt.

Benedictus sagt, dass die Keime in Straders Seele durch
ihn sich selbst erkennen werden. Dies zu verstehen, können
folgende Worte Rudolf Steiners aus demselben Vortrag mithelfen: „Im Menschen entwickelt sich dasjenige, was bis zum
Ende gekommen ist und was neu angefacht werden muss,
damit die Entwicklung weitergehe. Daher musste zur Schöpfung hinzukommen der Mensch, damit die Befruchtungskeime
entstehen konnten... So sehen wir, dass wir mit unserm Leben
nicht unnötig hineingestellt sind in die Schöpfung. Denken
wir den Menschen hinweg, so würden sich die Übergangs-
reiche nicht weiterentwickeln können. Sie würden dem Schicksale verfallen, welchem verfallen würde eine Pflanzenwelt, die
nicht befruchtet wird. Einzig und allein dadurch, dass der

Mensch hineingestellt ist ins Erdendasein, wird die Brücke geschaffen zwischen der Welt, die früher war und derjenigen, die später ist... Draussen breitet sich im Raume die unermessliche Welt aus. Da drinnen in uns ist unsere Seelenwelt. Wir merken es nicht, dass das, was in uns lebt, hinaussprüht und sich verbindet mit dem, was draussen lebt; wir merken es nicht, dass wir der Schauplatz der Verbindung sind. Das, was in uns ist, ist sozusagen der eine Pol, und das, was draussen ist in der Welt, das ist der andere Pol, die sich zum Fortgange der Weiterentwicklung miteinander verbinden müssen.... Wir lernen durch die okkulte Welt, dass in uns der Schauplatz ist für den Ausgleich der Kräfte. Wir fühlen, wie in uns, wie in einem Zentrum, die göttlich-geistige Welt lebt, wie sie sich mit der Aussenwelt verbindet und sie so sich gegenseitig befruchten. — Wenn wir uns so als Schauplatz fühlen und wissen, wir sind dabei, dann stellen wir uns richtig hinein in das Leben, erfassen den ganzen Sinn des Lebens und erkennen, dass das, was zunächst uns unbewusst ist, dadurch, dass wir in der Anthroposophie weiterdringen, uns immer mehr bewusst werden wird. Darauf beruht alle Magie. Während es dem normalen Bewusstsein entzogen ist, zu wissen: da vereinigt sich in dir etwas mit dem, was draussen ist, — ist es dem magischen Bewusstsein erlaubt, zuzuschauen. Das entwickelt willkürlich dasjenige, was zur Aussenwelt gehört. Daher ist es notwendig, dass ein gewisser Reifezustand eintritt, dass man nicht in wilder Weise vermischt das, was drinnen ist, und das, was draussen ist. Denn sobald wir zu einem höheren Bewusstsein aufsteigen, ist es eine Wirklichkeit, was in uns lebt. Schein ist es so lange, als man im gewöhnlichen normalen Bewusstsein lebt."

Aus diesen letzten Worten ist auch zu verstehen, inwiefern es für Strader zum Heil ist, dass er gewisse Wirkenskeime in seiner Seele noch nicht erkennt. Die Reife für ein heilsames Verwirklichen dessen, was keimhaft in der Seele lebt, erlangt der Mensch durch die Verbindung mit dem Christus-Impuls. Dessen Eintreten in die Erdenmenschheit beschreibt Rudolf Steiner in diesem Zusammenhang mit folgenden Worten: „Vieles ist in dem Ganzen der Erden- und Menschheitsentwicklung zugrunde gegangen, ohne dass der Mensch direkt etwas dazu tun konnte. Nehmen wir die ganze vorchristliche

Entwicklung. Wir wissen, wie sie war, diese vorchristliche Entwicklung. Der Mensch ist von der geistigen Welt ausgegangen im Beginne; allmählich ist er dann hinuntergestiegen in die physisch-sinnliche Welt. Was er anfangs besessen, was in ihm gelebt hat, das ist verschwunden, ebenso wie verschwunden sind die Lebenskeime, die nicht ihr Ziel erreicht haben. Von dem Stamme der menschlichen Entwicklung sehen wir Unzähliges hinuntersinken in einen Abgrund. Während Unzähliges hinuntersinkt in der äusseren Entwicklung der menschlichen Kultur, des menschlichen Lebens, entwickelt sich eben der Christusimpuls. So wie im Menschen der befruchtende Keim sich für seine Umwelt entwickelt, so entwickelt sich für das, was in Menschen scheinbar zugrunde geht, der Christus-Impuls. Dann tritt das Mysterium von Golgatha ein. Das ist die Befruchtung dessen, was zugrunde gegangen ist, von oben herunter. Da tritt tatsächlich mit dem, was scheinbar von dem Göttlichen abgefallen und in den Abgrund gesunken ist, eine Veränderung ein. Der Christus-Impuls tritt ein und befruchtet es. Und von dem Mysterium von Golgatha an sehen wir im weiteren Verlaufe der Erdenentwicklung ein Wiederaufblühen und ein Sichfortsetzen durch die empfangene Befruchtung mit dem Christus-Impuls."

Die Erkenntnis dieser Tatsachen weckt im Menschen das rechte Verantwortungsgefühl für sein Erdenwirken. Rudolf Steiner sagt im selben Vortrag: „Das ist etwas, was uns ein ganz anderes Verantwortungsgefühl gibt gegenüber den Dingen, die wir selber machen, wenn wir wissen, dass das, was wir machen, Befruchtungskeime und nicht sterile Keime sind, die einfach verpuffen. Dann müssen wir diese Keime auch aus den Tiefen der Weltenseele heraus entstehen lassen. — Nun können Sie fragen: Ja, wie gelangt man dazu? Durch Geduld, indem man immer mehr und mehr dazu kommt, einen jeglichen Ehrgeiz persönlicher Art in sich abzutöten. Der persönliche Ehrgeiz verführt uns immer mehr und mehr dazu, dasjenige, was nur persönlich ist, produzieren zu können und nicht zu uns sprechen zu lassen das, was Ausdruck des Göttlichen in uns ist. Woran können wir wissen, dass das Göttliche in uns spricht? Ertöten müssen wir alles dasjenige, was nur aus uns kommt, und vor allen Dingen müssen wir ertöten ein jegliches ehrgeiziges Streben. Das erzeugt dann die richtige Polarität in uns, das gibt wirkliche befruchtende Keime in der Seele. Ungeduld ist der schlimmste Lebensführer. Das ist dasjenige, was die Welt verdirbt... Es ist eine Tatsache, dass durch ehrgeizige Produktionen in unserer Seele solche Befruchtungskeime entstehen, woraus Missgeburten in der geistigen Welt hervorgehen. Diese zurückzudrängen, allmählich auch umzugestalten, ist eine fruchtbare Aufgabe für eine ferne Zukunft."

Dies und vieles andere steht im Hintergrunde, wenn Benedictus die Keime in Straders Seele erwähnt, die noch nicht reif sind und die erst durch ihn sich selbst erkennen werden. Je mehr wir in solche Hintergründe der Dramen eindringen, um so vertiefter werden wir sie miterleben können. Es wird sich nicht darum handeln, die Einzelheiten solcher Hintergründe bei der Aufführung der Dramen im Gedächtnis zu haben. Aber die Schau der Entwicklungsmöglichkeiten und der Gefahren, vor denen die Personen des Dramas sich in bestimmten Situationen befinden, kann das Miterleben vertiefen und gleichzeitig die künstlerische Wirkung verstärken.

Maria fragt nun Benedictus, ob Straders Seele sich so schnell entwickeln werde, dass ihm die Kraft dieser Schicksalsworte heilsam sei. Benedictus antwortet, dass ihn das Schicksal gewiesen habe, so zu sprechen. Die Wirkung seiner Worte werde nicht böse sein, doch wisse er nicht, wie sie sich offenbaren werde. Er sagt weiter:

> Es dringt mein Schauen jetzt zu Reichen wohl,
> Wo solcher Rat in meine Seele leuchtet;
> Doch seiner Wirkung Bild erblick ich nicht.
> Versuch ich dies, erstirbt der Blick im Schauen.

Maria fragt:

> Erstirbt der Blick im Schauen, — Euch, mein Führer? —
> Wer tötet Euch den sichern Seherblick?

Benedictus:

> Johannes flieht mit ihm in Weltenfernen;
> Wir müssen folgen; — rufen hör ich ihn.

Wir haben gesehen, dass Johannes sich entschlossen hatte, Marias und Benedictus' wahres Wesen zu suchen. Er strebt jetzt suchend zu dem Geistgebiete hin, aus dem Benedictus die Antwort auf Marias Frage über Strader zu holen versucht. Weil Johannes in jenem Gebiete des Benedictus Hilfe braucht, wird dessen Geistesschau von Straders Schicksalshintergründen abgelenkt. Auf die Schwierigkeiten des Forschens in diesem Gebiete deutet Rudolf Steiner im ersten Vortrag des Zyklus „Die Geheimnisse der Schwelle", indem er sagt: „Es entzieht sich der Sinneswelt, aber auch noch manchem hellsichtigen Blick, der gewisse Schichten hinter der Sinneswelt schon durchschaut, dasjenige, was man — wir werden davon noch weiter sprechen — die Notwendigkeiten im Weltengeschehen nennen kann; jene Notwendigkeiten, die eben in den Untergründen der Dinge wurzeln, in denen allerdings auch die tiefsten Untergründe der menschlichen Seele wurzeln, aber die sich dem sinnlichen und auch dem anfänglichen hellseherischen Blicke entziehen und sich dem letzteren erst dann ergeben, wenn so etwas durchlebt wird, wie es bildhaft in der Saturnzeit geschildert wird. Dann darf man sagen, dass es für einen solchen hellseherischen Blick, der ja zuerst auftreten muss in der Zeit zwischen Tod und einer neuen Geburt, wirklich so ist, wie wenn Blitze das ganze Blickfeld der Seele überziehen würden, die in ihrem schrecklichen Leuchten die Weltnotwendigkeiten überleuchten, die aber zugleich so blendend hell sind, dass die Erkenntnisblicke durch das helle Leuchten ersterben und aus den ersterbenden Erkenntnisblicken sich Bildformen bilden, die sich dann in das Weltenweben einweben wie die Formen, aus denen die Schicksale der Weltenwesen erwachsen. Man durchschaut die Gründe der menschlichen und anderer Weltenwesen Schicksale in den Untergründen der Notwendigkeiten erst dann, wenn man mit solchen Erkenntnisblicken schaut, die im Erkennen durch die aufleuchtenden Blitze ersterben und sich wie zu erstorbenen Formen umbilden, die dann fortleben als die Schicksalsimpulse des Lebens. Und alles das, was eine wahre Selbsterkenntnis findet,... alles, was die Seele in sich selber erblickt mit allen Unvollkommenheiten, die sich die Seele zuschreibt, es wird gehört zur Weltenmitternacht wie verwoben in hinrollendem Weltendonner, der in den Untergründen des Daseins verrollt."

Zur Selbsterkenntnis in diesem Gebiete der Geisteswelt strebt Johannes hin, indem er Marias und Benedictus' wahres Wesen sucht. Seine Erlebnisse im Geistgebiete mögen dem entsprechen, was Rudolf Steiner im Zyklus „Von der Initiation..." wie folgt darstellt: „Man ist ganz mit sich allein, allein mit seiner inneren Welt, welche da auftaucht. Man weiss zunächst selber nichts ausser irgendeinem unbestimmten Dunkeln; aber man ist in voller Beziehung zu diesen Dingen. — Nehmen wir ein charakteristisches Beispiel. Eines, das da als Bild auftaucht, flösst einem Liebe ein. Jetzt ist man in einer starken Versuchung. Eine furchtbare Versuchung tritt jetzt auf, denn man liebt jetzt etwas, was in einem selber drinnen ist. Man ist der Versuchung ausgesetzt, die Sache deshalb zu lieben, weil sie einem selbst angehört, und man muss jetzt mit aller Kraft dahin wirken, dass man dieses Wesen nicht liebt, weil man es hat, sondern deshalb, weil es dieses oder jenes ist — trotzdem es an einem ist. Selbstlos machen das, was in dem Selbst drinnen ist, das wird Aufgabe. Und das ist eine schwere Aufgabe, eine Aufgabe, mit der sich nichts Seelisches in der gewöhnlichen Sinnenwelt vergleichen lässt. Im gewöhnlichen Sinnensein ist es gar nicht möglich, dass ein Mensch ganz selbstlos liebt, was in ihm drinnen ist. Das muss er aber, wenn er dort hinaufkommt. Dadurch, dass man das Wesen überstrahlt mit der Kraft der Liebe, strahlt es selber Kraft aus, und man merkt jetzt dadurch: ‚das will aus einem heraus‘. Und man merkt weiter: je mehr man selber Liebe anwenden kann, desto mehr bekommt es selber die Kraft, etwas, was wie eine Hülle in einem ist, zu durchbrechen und hinauszudringen in die Welt. Wenn man es hasst, bekommt es ebenso Kraft; es spannt einen dann, presst einen und drängt sich durch, wie wenn sich die Lungen oder das Herz durch die Haut des Leibes durchdrängen wollten. Das geht durch alles, womit man sich durch Liebe und Hass in ein Verhältnis bringt. Aber der Unterschied zwischen beiden Erlebnissen ist der: Was man selbstlos liebt, das geht fort; aber man fühlt: es nimmt einen mit, man macht den Weg durch, den es selber durchmacht. Was man hasst, oder demgegenüber man hochmütig ist, das durchreisst die Hülle und geht fort und lässt einen allein, und man bleibt in der Einsamkeit. Diesen Unterschied merkt man auf einer bestimmten Stufe sehr stark: man wird mitgenommen — oder zurückgelassen. Und wenn man mitgenommen wird, so hat man die Möglichkeit hinzukommen zu dem Wesen, das man in seinem Abbild erlebt hat." (Vortr. 4)

Etwas von der hier geschilderten Stimmung zeigt sich an

dieser Stelle des Dramas. Das ist dann im Zyklus „Die Geheimnisse der Schwelle" weiter ausgeführt, wo Rudolf Steiner im ersten Vortrag sagt: „Da muss man gefühlt haben, wie sich das eigene Selbst entreisst demjenigen, was man gewöhnlich das Innenleben nennt; wie sich das Denken, mit dem man sich so vertrauensvoll im Leben verbunden fühlt, herausreisst aus dem Innern, wie es in ferne, ferne Welten des Blickfeldes geht, und man muss in sich gefunden haben als lebendige Seelengegenwart das, was in solchen Worten zum Ausdruck kommt, die natürlich dem äusseren Sinneserfassen und dem an das physische Gehirn gebundenen Verstand wie ein kompletter Unsinn, wie eine Fülle von Widersprüchen erscheint. Man muss erlebt haben erst diese Stimmung des Fortgehens des eigenen Selbstes, des eigenen Denkens von dem Innensein, wenn man in vollständiger Ruhe die Erinnerung an Weltenmitternacht erleben will. Dem Erinnern im Erdenleben muss vorangegangen sein das Erleben der Weltenmitternacht im geistigen Leben, wenn so etwas eintreten soll, wie es im 9. Bilde zum Ausdruck kommen will. Aber dass das möglich ist, dazu muss wiederum die Seelenstimmung vorangegangen sein, die sich ausdrückt am Ende des vierten Bildes. Die Flammen fliehen wahrhaftig; sie kommen nicht früher in das Erdenbewusstsein herein; sie nahen nicht früher dem Ruhen in der Meditation, bevor sie erst geflohen sind, bevor eine Wahrheit diese Seelenstimmung gewesen ist:

Die Flammen flieh'n, — sie flieh'n mit meinem Denken;
— — — — — — — —
Und dort am fernen Weltenseelenufer
Ein wilder Kampf, — es kämpft mein eignes Denken —
Am Strom des Nichts; — mit kaltem Geisteslicht. —
Es wankt mein Denken; — kaltes Licht, — es schlägt
Aus meinem Denken heisse Finsternis.
Was taucht jetzt aus der finstern Hitze auf? —
In roten Flammen stürmt mein Selbst ins Licht; —
Ins kalte Licht — der Welten-Eis-Gefilde —."

Fünftes Bild

Die letzten Worte des vierten Bildes deuten bereits auf das Erleben der Weltenmitternacht, die als Ereignis in der geistigen Welt erst am Ende des sechsten Bildes dargestellt wird. Dazwischen sehen wir verschiedene Gebiete und Zustände in der Geisteswelt, die von Seelen erlebt werden können, bevor sie zum Erleben der Weltenmitternacht gelangen. Da das Ganze sich im Zeitlosen abspielt, kann es als Erlebnis eines Augenblickes aufgefasst werden.

Über die Schwierigkeit, Erlebnisse der geistigen Welt auf der Bühne darzustellen, hat Rudolf Steiner sich verschiedentlich geäussert. Im Vortrag über „Fausts Himmelfahrt" vom 14. August 1915 sagt er: „Goethe musste erst das Weltenmittel suchen, durch das Faust hinaufdringen kann als Seele in die geistigen Welten. Man kann nicht durch die Luft, man kann nicht durch die äusseren physischen Elemente in die geistigen Welten hinaufdringen. Wo ist etwas Reales, was das Mittel, durch das Faust hinaufzudringen vermag, abgeben kann? Das kann nur dasjenige sein, was zunächst auf Erden das Geistige darstellt. Ja, wo ist das auf Erden? Wo ist das Bewusstsein, das das Geistige aufnimmt? Das heisst: Goethe hat nötig, erst eine Bewusstseinsrealität zu schaffen, die das Geistige aufnimmt. Das tut er, indem er in seine Szenerie Menschen hineinstellt, von denen man voraussagen kann, dass in ihrem Bewusstsein das Geistige lebt: Mönche, Anachoreten, die lagert er übereinander. Und man kann sagen: das Hinaufsteigen einer Seele in die geistigen Welten, das ist ein realer Vorgang; vor einem gewöhnlichen Parkett einen geistigen Vorgang darzustellen, wäre nicht real, da wurzelt er nicht; in den Seelen, die Goethe vorführt, da wurzelt er. So sucht er erst die Bewusstseine darzustellen, die den geistigen Vorgang anschauen. So stellt er den Chor und das Echo hin, die die elementarische Welt wahrnehmen können in dem Sinnlich-Physischen darinnen. Sie haben sich vorbereitet darauf, nicht bloss die äussere physische Natur zu sehen, sondern innerhalb des physischen Planes auch die geistige Welt, in die ja die Seele des Faust hineingehen muss." (Faust, der strebende Mensch.)

Entsprechend sehen wir im Mysteriendrama Bewusstseine dargestellt, die zum Ausdruck bringen, was sie geistig erleben und die uns damit an ihren geistigen Erlebnissen teilnehmen lassen. So lernen wir die Entwicklungssituationen der einzelnen Seelen in der geistigen Welt und ihre Beziehungen zueinander kennen. Da ist einerseits Felix Baldes Seele, die unter Luzifers Einfluss von der Erde fortstrebt, und andererseits Hilarius' Seele, die unter Ahrimans Einfluss zur Erde hinstrebt. Straders Seele hört „ein Wort im Hall und Widerhall vernehmlich". Das erinnert an Goethes Darstellung des Chores mit dem Echo.

Im Zyklus „Die Geheimnisse der Schwelle" erklärt Rudolf Steiner, wie seine Bühnendarstellung des Geistgebietes zu verstehen ist. Er sagt: „Wenn man es unternimmt, das Geistgebiet, das Gebiet, welches die menschliche Seele durchlebt zwischen dem Tode und einer neuen Geburt, szenisch auf der Bühne darzustellen, da ist es notwendig, die Vorgänge, alles, was geschieht, in Bildern zu charakterisieren, die der physisch-sinnlichen Welt entnommen sind. Denn Sie können sich leicht vorstellen, dass mit dem, was man aus der eigentlich geistigen Welt brächte und was in gar nichts etwas gemein haben könnte mit der Sinneswelt, dass mit dem etwa die heutigen Theaterbearbeiter wenig anzustellen wüssten. So ist man in die Notwendigkeit versetzt, wenn man das Geistgebiet darstellt, durch Bilder sich auszudrücken, die der sinnlichen Beobachtung entnommen sind. Nun ist aber nicht bloss dieses der Fall. Man könnte leicht glauben, in der Darstellung müsse man so verfahren — denn dasjenige, was man da als sinnliche Bilder verwendet, das deutet nur hin auf eine Welt, die gar nichts in ihren Merkmalen gemeinschaftlich hat mit der Sinneswelt. Man könnte glauben, derjenige, der diese Welt darstellen will, der nehme eben seine Zuflucht zu sinnlichen Bildern. Das ist aber nicht der Fall; denn die hellsichtig gewordene Seele, wenn sie sich in die geistige Welt hineinbegibt, sieht wirklich diese Szenerie in genau den Bildern, die Sie in den beiden Bildern vorgestellt haben. Diese Bilder sind nicht ausgedacht, um etwas durch sie zu charakterisieren, was ganz anders ist; sondern die hellsichtig gewordene Seele ist in einer solchen Szenerie, die ihre Umwelt bildet, wirklich und wahrhaftig darinnen. Wie die Seele in der physisch-sinnlichen Welt in einer Landschaft ist, wo Felsen, Berge, Wälder, Felder um sie herum sind, und wie sie diese für Realität, für Wirklichkeit halten muss, wenn sie gesund ist, so ist die hellsichtig gewordene Seele, wenn sie ausser dem physischen — und auch dem ätherischen — Leibe beobachtet, ganz genau so in einer Szenerie darinnen, die sich aufbaut aus diesen Bildern. Diese Bilder sind nicht willkürlich gewählt, sondern sind tatsächlich in der betreffenden Welt die wahre Umgebung der Seele. So ist es also nicht etwa so, dass dieses fünfte und sechste Bild von ‚Der Seelen Erwachen‘ zustande gekommen wären dadurch, dass irgend etwas hätte ausgedrückt werden sollen von einer unbekannten Welt und dann hätte man nachgedacht: Wie kann man das ausdrücken? Sondern es ist so, dass das eine Welt ist, welche die Seele um sich herum hat und gewissermassen nur nachbildet.‘‘ (Vortr. 4)

Rudolf Steiner vergleicht dann das Verstehen der Bühnendarstellung der geistigen Welt mit einem Lesen, indem er sagt: ,,Sie gewinnen, indem Sie die Formen der Buchstaben, die vor Ihnen sind, ins Auge fassen, ein Verhältnis zu etwas, was nicht auf der Seite des Buches steht, sondern worauf Sie das, was auf der Seite des Buches steht, hindeutet. — So ist es tatsächlich auch mit dem Verhältnis der Seele zu der gesamten Bilderwelt des Geistgebietes. Das, was man da zu tun hat, ist nicht ein Beschreiben bloss desjenigen, was da ist, sondern es lässt sich vielmehr vergleichen mit einem Lesen, und das, was man an Bildern vor sich hat, ist im Grunde genommen eine kosmische Schrift, und man hat die richtige Seelenverfassung dazu, wenn man sich so stellt, dass man fühlt, man habe in den Bildern eine kosmische Schrift vor sich und die Bilder vermitteln, bedeuten einem dasjenige, was die Realität ist der geistigen Welt und vor welches eigentlich diese ganze Bilderwelt hingewoben ist. Daher muss man in echtem Sinne sprechen von einem Lesen der kosmischen Schrift im Geistgebiete. — Nun darf man sich die Sache aber nicht so vorstellen, dass man dieses Lesen der kosmischen Schrift so zu lernen hat wie das Lesen in der physischen Welt.

Das Lesen in der physischen Welt beruht mehr oder weniger, wenigstens heute — in der Urzeit der Menschheit war es nicht so —, auf der Beziehung von Willkürzeichen zu dem, was sie bedeuten. So lesen lernen, wie man die Willkürzeichen lesen lernt, braucht man nicht gegenüber der kosmischen Schrift, die sich wie ein mächtiges Tableau als Ausdruck des Geisterlandes für die hellsichtig gewordene Seele darstellt. Sondern man sollte eigentlich nur das, was sich da darstellt an Bilderszenerie, unbefangen und mit empfänglicher Seele hinnehmen; denn das, was man daran erlebt, das *ist* schon das Lesen. Diese Bilder strömen sozusagen ihren Sinn von selber aus. Daher kann es leicht vorkommen, dass eine Art von Kommentieren, von Interpretieren der Bilder der geistigen Welt in abstrakten Vorstellungen eher ein Hindernis ist des unmittelbaren Hingelenktwerdens der Seele zu dem, was hinter der okkulten Schrift steht, als dass es einen unterstützen könnte in diesem Leben. Bei so etwas handelt es sich also vor allen Dingen, sowohl in dem Buche ‚Theosophie' wie auch in den Bildern von ‚Der Seelen Erwachen' darum, dass man die Dinge unbefangen auf sich wirken lässt. Mit den tieferen Kräften, die manchmal ganz schattenhaft zum Bewusstsein kommen, erlebt man schon den Hinweis auf die geistige Welt."

Da hier Rudolf Steiner ein Kommentieren und Interpretieren der Bilder der geistigen Welt in abstrakten Vorstellungen ablehnt, kann in uns die Frage auftauchen, wie er wohl das, was er selbst über die Mysteriendramen gesagt hat, aufgefasst haben möchte. Dazu äussert er sich im selben Zyklus wie folgt: „Ich betone, dass ich diese Dinge nicht schildere, um einen Kommentar zu geben zu den Dramen, sondern um das, was in den Dramen dargestellt ist, zu benützen, um wirkliche geistige Verhältnisse und geistige Wesenheiten darzustellen." (Vortr. 7)

In diesem Sinne kann das fünfte Bild des Dramas in Beziehungen gebracht werden zu gewissen Tatsachen, die Rudolf Steiner in den Vorträgen „Über das Wesen der Farbe" (Bd. II) dargestellt hat. Indem er dort die Kräfte des Lichtes und der Schwere erklärt, sagt er: „Schlafend lebt die Seele im Lichte, lebt daher in der Leichtigkeit. Wachend lebt die Seele in der Schwere. Der Leib ist schwer; diese Kraft überträgt sich auf die Seele: die Seele lebt in der Schwere. Das bedeutet etwas, was nun sich ins Bewusstsein überträgt. Denken Sie an den Moment des Aufwachens; worin besteht er? Wenn Sie schlafend sind — Sie liegen im Bette, Sie rühren sich nicht, der Wille ist abgelähmt. Allerdings, es sind auch die Vorstellungen abgelähmt, aber die Vorstellungen sind auch nur deshalb abgelähmt, weil der Wille abgelähmt ist. Weil der Wille nicht in Ihren eigenen Leib schiesst, nicht sich der Sinne bedient, deshalb sind die Vorstellungen abgelähmt. Die Grundtatsache ist die Ablähmung des Willens. Wodurch wird der Wille regsam? Dadurch, dass die Seele Schwere fühlt durch den Leib. Dieses Zusammenleben mit der Seele, das gibt im irdischen Menschen die Tatsache des Willens. Und das Aufhören des Willens vom Menschen selber tritt ein, wenn der Mensch im Lichte ist. — Damit haben wir die zwei kosmischen Kräfte Licht und Schwere, als die grössten Gegensätze im Kosmos hingestellt. In der Tat, Licht und Schwere sind kosmische Gegensätze. Wenn Sie sich den Planeten vorstellen: die Schwere zieht zum Mittelpunkte, das Licht weist vom Mittelpunkte hinweg in den Weltenraum hinaus... Jetzt aber stellen Sie sich vor: der Mensch ist als Wesen zwischen Geburt und Tod an die Erde gebunden. Er ist dadurch an die Erde gebunden, dass in diesem Zustande zwischen Geburt und Tod seine Seele, wenn sie eine Zeitlang im Lichte gelebt hat, immer wiederum den Hunger nach der Schwere bekommt, zurückkehrt in den Zustand der Schwere. Wenn — wir werden davon noch weiter sprechen — ein Zustand eingetreten ist, durch den dieser Hunger nach Schwere nicht mehr da ist, dann wird der Mensch immer mehr dem Lichte folgen. Das tut er bis zu einer gewissen Grenze. Er folgt bis zu einer gewissen Grenze dem Lichte, und wenn er an der äussersten Peripherie des Weltenalls gekommen ist, dann hat er verbraucht dasjenige, was ihm die Schwere gegeben hat zwischen Geburt und Tod, dann beginnt eine neue Sehnsucht nach der Schwere, und er tritt seinen Weg wiederum an, zurück zu einer neuen Verkörperung. So dass also auch in jener Zwischenzeit zwischen dem Tod und einer neuen Geburt um die Mitternachtsstunde des Daseins eine Art Hunger nach der Schwere auftaucht. Das ist zunächst der allgemeinste Begriff für dasjenige, was der Mensch erlebt als Sehnsucht, zu einem neuen Erdenleben zurückzukehren."

Dieser Gegensatz zwischen Licht und Schwere ist im fünften Bilde des Dramas durch Felix Baldes Seele einerseits und die des Hilarius andererseits dargestellt. Felix Baldes Seele strebt unter Luzifers Einfluss zum Lichte. Sie nennt Luzifer „Erlöser ... aus finstern Einsamkeiten". Luzifer antwortet ihr: „Ich lasse dir aus meinem Lichtesquell des Selbstsinns Keimestriebe hell erstrahlen." Dann sagt Felix Baldes Seele mit dem Blick nach der Gnomengruppe, vor der Hilarius' Seele steht:

> In Fernen dort entschwindet leuchtend Sein;
> In Nebelbildern schwebt es nach den Tiefen;
> Es wünscht im Schweben sich Gewicht zu geben.

Felix Baldes Seele erlebt den Gegensatz zwischen leuchtendem Sein und Nebelbildern, die sich Gewicht zu geben wünschen, also den Gegensatz zwischen Licht und Schwere, von dem Rudolf Steiner im Vortrag spricht.

Für Hilarius' Seele ist der Wünsche-Nebel „des Erdensterns ins Geistgebiet geworfner Widerschein", der aus seelendichten, fühlenden Wesen besteht, die auf Erden mit Weltverstand „im alten, formendurst'gen Feuergrunde" schaffend wirken, während Felix Baldes Seele „ein denkend Sein aus Seelenstoffen" wirkt. Sein Lichtesstreben wird hier mit dem Denken, der lastende Wünsche-Nebel bei Hilarius' Seele mit dem Wollen in Beziehung gebracht. In Übereinstimmung damit sagt Rudolf Steiner in den erwähnten Vorträgen: „Wenn wir den Gedanken mit der Kraft des Hellsehens betrachten, wird Licht erlebt, Leuchtendes erlebt. Wenn wir den Willen mit der Kraft des Hellsehens betrachten, so wird er immer dicker und dicker, dieser Wille, und er wird Stoff... Innerlich ist der Stoff Wille, wie das Licht innerlich Gedanke ist. Und äusserlich ist der Wille Stoff, wie der Gedanke äusserlich Licht ist... Das Licht ist dasjenige, was aus der Vergangenheit herüberstrahlt, die Finsternis, was in die Zukunft hinüberweist. Das Licht ist gedanklicher Natur, die Finsternis ist willensartiger Natur."

Was hier vom Lichte ausgesagt wird, gilt auch für Farben und Töne, insofern sie als frei schwebende Sinnesempfindungen ohne Verbindung mit wägbaren Dingen wahrgenommen werden: „Hier auf Erden haben wir wägbare feste Dinge, und an diesen wägbaren festen Dingen haftet gewissermassen die Röte, die Gelbe, also dasjenige, was die Sinne an den Körpern wahrnehmen. Wenn wir schlafen, dann ist die Gelbe frei schwebendes Wesen, die Röte ist frei schwebendes Wesen, nicht haftend an solchen Schwerebedingungen, sondern frei webend und schwebend. Ebenso ist es mit dem Ton. Nicht die Glocke klingt, sondern das Klingen webt."

Während Hilarius' Seele den Wünsche-Nebel als Widerschein des Erdensterns bezeichnet, spricht Straders Seele vom Widerhall, den Daseinslust ergreift. Das Erleben des Erdensterns beschreibt Rudolf Steiner im Zyklus „Inneres Wesen des Menschen..." mit folgenden Worten: „Der Mensch hat bis zu seinem Tode auf der Erde gelebt, er ist gewohnt gewesen in dieser Zeit, auf der festen, materiellen Erde zu stehen, auf dieser materiellen Erde die Wesen des mineralischen, pflanzlichen, tierischen Reiches, die Wesen von Bergen, Flüssen, Wolken, Sternen, Sonne und Mond zu sehen und ist gewohnt worden, durch seinen eigenen Gesichtspunkt und durch seine im physischen Leib vorhandenen Fähigkeiten sich dieses Ganze so vorzustellen, wie man es sich ja doch vorstellt, trotzdem man heute durch den Kopernikanismus weiss, dass dieses im Grunde ein Scheinbild ist: da oben ist das blaue Himmelsgewölbe wie eine Himmelsschale, da sind die Sterne darauf, darüber gehen Sonne und Mond usw., man selber ist wie in dieser Schale, in dieser Hohlkugel im Innern da drinnen in der Mitte auf der Erde mit dem, was einem die Erde für die Wahrnehmung zeigt. — Es kommt uns jetzt nicht darauf an, meine lieben Freunde, dass das ein Scheinbild ist, dass wir selber nur durch die Beschränktheit unserer Fähigkeiten uns diesen blauen Umkreis bilden, sondern darauf, dass wir ja nicht anders können als das zu sehen; wir sehen eben das, was nur durch die Beschränktheit unserer Fähigkeiten so ist, sehen eben eine blaue Kugel als Firmament über uns gebildet. Wenn nun der Mensch durch die Pforte des Todes gegangen ist, so ist das erste, dass er die Vorstellung seiner Seele ausbilden muss: Du bist jetzt ausserhalb dieser blauen Kugel, in der du warst. Du siehst sie von aussen an, aber so, als ob sie zu einem Stern zusammengeschrumpft wäre... Wie gesagt:

Zusammengeschrumpft wie zu einem Sterne ist dasjenige, was uns vorher den Inhalt unseres Bewusstseins gab, nur dass sich, von diesem Sterne ausgehend, dasjenige ausbreitet, was man nennen könnte ‚erstrahlende kosmische Weisheit‘. — Diese erstrahlende kosmische Weisheit ist dasselbe, was ich auch gestern im letzten Vortrag behandelt habe, von dem ich gesagt habe, dass wir es in Fülle haben; das glimmt und glitzert zunächst wie von einem feurigen Stern — jetzt ist's nicht blau wie das Firmament, sondern jetzt ist es feurig, rötlich erglimmend — wie von einem feurigen Stern; und davon ausstrahlend in dem Raum die Fülle von Weisheit, die uns aber zuerst zeigt — sie ist in sich ganz beweglich — das, was man nennen könnte ein Erinnerungstableau unseres letzten Erdenlebens. All diese Vorgänge, die wir mit unserem inneren Seelenerleben durchmessen haben zwischen der Geburt und dem Tode, wo wir bewusst dabei waren, die treten vor unsere Seele hin, aber so, dass wir wissen: Du siehst das alles, weil der Stern, der da vor dir aufgeglänzt, der Hintergrund ist, der durch seine innere Tätigkeit bewirkt, dass du das alles sehen kannst, was sich als ein Erinnerungstableau ausbreitet." (Vortr. 5)

Dies Weisheitserleben hat Felix Baldes Seele. Von ihr wird im Drama gesagt, sie wirke in der geistigen Welt für den Erdenstern „ein denkend Sein aus Seelenstoffen". Dem gegenüber ist für Hilarius' Seele zutreffend, was Rudolf Steiner anschliessend darstellt als ein Erlebnis vom Standpunkte der Innerlichkeit, während er das vorher geschilderte Erleben als vom Standpunkte der Imagination bestimmt darstellt. Er sagt: „Vom Standpunkte der Innerlichkeit gesprochen ist das Erlebnis etwa dieses, dass derjenige, der durch die Pforte des Todes gegangen ist, nunmehr ganz erfüllt ist von dem Gedanken: Ja, du hast deinen Leib verlassen; jetzt in der geistigen Welt ist dieser Leib lauter Wille. Ein Willensstern, ein Stern, dessen Substanz Wille ist, das ist dein Leib. Und dieser Wille erglüht in Wärme und strahlt dir in die Weltenweiten, in die du selber jetzt dich ergossen hast, er strahlt dir dein eigenes Leben zwischen der Geburt und dem Tode wie ein grosses Tableau zurück. Und du verdankst dem Umstande, dass du innen verweilen konntest in diesem Stern, diesem Umstand verdankst du, dass du alles das aus der Welt ziehen und saugen konntest, was du auf dem physischen Plan aus der Welt eben

gezogen und gesaugt hast. Denn dieser Stern, dieser Willensstern, der jetzt den Hintergrund bildet, das ist das Geistige
deines physischen Leibes; dieser Willensstern ist der Geist,
der deinen physischen Leib durchtränkt und durchkraftet.
Das, was dir als Weisheit erstrahlt, das ist die Tätigkeit, die
Beweglichkeit deines Ätherleibes... Die letzte grosse Erinnerung, die wir nach dem Tode in Form des Tableaus haben,
die muss erst abfluten, die muss nach und nach verdämmern;
dann entwickelt sich aus der Verdämmerung heraus das, was
wir bewusst nicht haben durften vor dem Tode. Denn hätten
wir es bewusst gehabt vor dem Tode, so hätten wir niemals in
uns die Erinnerungskräfte bilden können. Umgewandelt in
diese Fähigkeit, uns zu erinnern, haben sich die Kräfte, die
sich jetzt in der Seele während des Abdämmerns der Erinnerung des Lebenstableaus heraus entwickeln. Umgesetzt in die
Erinnerungskraft haben sich diese vor dem Tode, und jetzt
kommen sie heraus, indem die Möglichkeit, in ganz gewöhn-
licher Weise an irdische Gedanken sich zu erinnern, indem
diese Möglichkeit überwunden wird und gleichsam diese ins
geistige umgewandelte Gedächtniskraft als eine erste geistig-
seelische Kraft in uns erwacht, die nach dem Tode aus der
menschlichen Seele so herauskommt, wie die Seelenkräfte beim
heranwachsenden Kinde in den ersten Lebenswochen herauskommen. Indem diese Seelenkraft heranwächst, zeigt sich uns
eben, dass hinter den Gedanken, die, während wir auf dem
physischen Plane waren, nur Schattenbilder waren, dass hinter
diesen Gedanken Lebendiges steckt, dass Leben und Weben
in der Gedankenwelt ist. Wir werden gewahr, dass das, was
wir innerhalb des physischen Leibes als unser Gedanken-
tableau haben, dass das eben nur ein Schattenbild ist, dass es
in Wahrheit eine Summe, eine Ausbreitung von Elementarwesen ist. Wir sehen gleichsam unsere Erinnerungen abglimmen und sehen dafür erwachsen heraus aus dem allgemeinen
Weisheitskosmos eine ganze Anzahl von Elementarwesen."

Im Drama erlebt Felix Baldes Seele vor allem das Ge-
dankentableau im Weisheitskosmos, während für Hilarius'
Seele die Erinnerungen abglimmen und an ihre Stelle Elementarwesen treten. Das gehört zusammen wie Lichtausstrahlung
und Widerschein, wie Hall und Widerhall. Der Widerschein

zeigt sich als Wünsche-Nebel, der sich im Schweben Gewicht geben möchte und sich zu Elementarwesen verdichtet. Felix Balde will nicht, dass ihr Gewicht ihn belaste.

Straders Seele erlebt den zur Erde zurückkehrenden Widerschein als Widerhall:

> Ein Wort im Hall und Widerhall vernehmlich.
> Es gibt sich sinnvoll, doch der Hall entschwindet;
> Den Widerhall ergreift die Daseinslust.
> Wohin wird er die Richtung nehmen wollen?

Die „andere Philia" antwortet:

> Er ziehet sich, Gewicht begehrend, fort;
> Zum Orte hin, wo leuchtend Sein entschwindet
> Und nebelbilderhaft in Tiefen dringt.

Diese Worte deuten auf die Verbindung dessen, was Straders Seele als Widerhall hört mit dem, was Felix Baldes Seele als Nebelbilder, die zur Tiefe schweben, sieht. Felix Baldes Seele bemerkt, dass die Nebelbilder sich Gewicht zu geben wünschen. Straders Seele bemerkt, dass der Widerhall sich, Gewicht begehrend, fortzieht. Beides geschieht in der Ferne, wo das leuchtende Sein und wo der Hall entschwindet.

Die „andere Philia" sagt weiter zu Straders Seele hinsichtlich des Widerhalls, den er vernimmt:

> Bewahrst du seinen Sinn in deinem Reich,
> So trag ich dir die Kraft zum Nebel hin;
> Du wirst sie dann auf Erden wiederfinden.

Darin kommt zum Ausdruck, dass die den Wünsche-Nebel bewegende Kraft von der „anderen Philia" vermittelt wird. Die Kraft des Wünschens kommt aus der individuellen Neigung oder Liebe. Im ungeläuterten Zustande ist sie eine luziferische Kraft, die das menschliche Wollen vom kosmischen Wollen trennt und die Verbindung der menschlichen Seelenkräfte mit dem Kosmos hemmt, was ja in den vorangehenden Dramen als wesentliches Merkmal der „anderen Philia" angegeben ist. In diesem Drama wird sie bezeichnet als die „Trägerin des Elementes der Liebe in der Welt, welcher die geistige Persönlichkeit angehört". Hier ist die Beziehung der „anderen Philia" zu Luzifer dadurch betont, dass sie wie eine Kopie Luzifers erscheint. Durch Läuterung und Opfer kann ihre Kraft zur Kraft der geistigen Persönlichkeit werden, die in Freiheit bewusst den Einklang mit dem Kosmos sucht.

Philia, Astrid und Luna vermitteln stets die Verbindung der menschlichen Seelenkräfte mit dem Kosmos. Sie versuchen dies auch da, wo der Mensch die Gründe seines Wollens noch nicht so klar durchschaut, wie es für ihn durch das bewusste Erleben der Weltenmitternacht möglich wird. Hier verspricht Philia, die Nebelwesen für Strader so zu pflegen, dass sie seinen Willen *nicht wissend* in Einklang mit dem Weltenlichte lenken. Astrid wird helfen, dass die Nebelwesen Straders „Erdenleib erkraften, dem Wissen fern, doch nah' dem Herzenstriebe". Luna will helfen, dass ihr lastendes Schaffen gewichtigen Wesens Strader im Sinnenleib verborgen bleibt, dass er *denkend nicht* zum Bösen bilde.

Diese Worte Philias, Astrids und Lunas dienen der Erkraftung des Wollens. Strader erlebt sie als sonnenhaft. Das steht im Einklang damit, dass Rudolf Steiner das innere Erleben des Willens als ein Sonnen-Erlebnis bezeichnet. Indem er im Zyklus „Inneres Wesen des Menschen..." das Erleben des Wahrnehmens, Denkens, Fühlens und Wollens beschreibt, sagt er: „Man muss mit der Absicht, das menschliche Innenleben kennenzulernen, herausgehen aus dem Leibe, dann tritt das alles ein, was ich jetzt sagen werde... Die ganze Haut erstrahlt in einer Art von Strahlen, die man mehr erfühlt, als dass man sie erschauen könnte... Man weiss: Vom Gesichtspunkt des Geistes aus gesehen, ist der physische Leib so... Man sieht den Ätherleib als das webende Gedankenleben... Aber auch das, was dem Gefühle des physischen Planes entspricht, das kann innerlich sich nun auferwecken da draussen ausser dem Leibe. Es ist das nicht das Fühlen — denn dieses Fühlen hat nur eine Berechtigung, ist nur vorhanden innerhalb des physischen Leibes; aber es ist das, was innerhalb der geistigen Welt dem Fühlen entspricht... Und man findet jetzt nicht das, was man früher durch den Leib und seine Organe schauend in der Aussenwelt gesehen hat, sondern man findet sich erlebend in dem Innern dieser Aussenwelt, in dem Geistigen, das diese Aussenwelt durchwallt und durchwogt. Es ist, wie wenn der Raum, in dem man sich früher nur gefühlt hätte, nun von unzähligen Sternen angefüllt würde, die sich alle bewegen und zu denen man selber gehört. Und jetzt weiss man:

Du erlebst dich in deinem astralischen Leibe... Und wenn diese innere Erkraftung noch weiter geht, wenn der Mensch ausser seinem Leibe sozusagen sein Inneres weiter erlebt, dann tritt in ihm dasjenige auf, was sonst im physischen Leben auf dem physischen Plane dem Willensimpuls entspricht. Sobald dieses Willensleben innerlich auftaucht — aber ausser dem Leibe — da fühlt sich der Mensch nicht nur wie in einem Sternensystem darinnen, sondern er fühlt sich wie in der Sonne dieses Sternensystems darinnen, er weiss sich eins mit der Sonne seines Planetensystems. Man möchte sagen: Wenn man seinen astralischen Leib innerlich erlebt, weiss man sich eins mit dem Planeten seines Planetensystems; wenn man sich mit seinem Ich ausserhalb dem Leibe erlebt, weiss man sich eins mit der Sonne seines Sonnensystems." (Vortr. 1)

Straders Seele erlebt den Willen zum Erdenwirken im Sonnengebiete der Geisteswelt als Sonnenkönigskraft. Während sie durch die Planetensphären von Venus, Merkur und Mond zur Erde hinstrebt, fühlt sie, dass ihr aus Welten-Geistes-Kräften ein Teil des Bildes ihres Wirkenszieles geschaffen wird.

Da Capesius' Seele für ihre Weiterentwicklung braucht, was hier in Straders Seele wirkt, erscheint sie bei deren ersten Worten und äussert dann den Wunsch, mit ihr vereinigt zu sein. Luna fordert Capesius' Seele auf, zu fühlen, was zwei Erdenleben ihr gegeben haben. Damit wird sie vom Abklingen der Vergangenheitsgedanken zum Wahrnehmen des Schicksals geführt. Wo Felix Baldes Seele Schein und Widerschein, Straders Seele Hall und Widerhall erlebt, da geht Capesius' Seele durch das Ersterben des Gedankens im All zur Auferstehung des Schicksals im Ich, wie es Rudolf Steiner als Meditationserlebnis im Vortrag über „Das künftige Jupiterdasein" mit folgenden Worten beschrieben hat: „Wenn wir einen Gedanken in den Mittelpunkt des Bewusstseins rücken und unser ganzes Seelenleben auf ihn lenken, auf ihn uns konzentrieren, so merken wir: der Gedanke wird immer stärker und stärker. Gewiss! aber dann kommt ein Punkt, wo er nicht mehr stärker wird, sondern wo er schwächer wird und verblasst. Das ist eine Erfahrung, die viele von Ihnen kennen. Er *muss* so verblassen, der Gedanke, er muss gleichsam innerlich *ersterben*. Denn so, wie wir den Gedanken zunächst haben, wie wir zunächst denken, so denken wir durch das Werkzeug des physischen Leibes, und die Art, wie wir durch das Werkzeug des physischen Leibes denken, die konzentrieren wir, aber erst in dem Momente schlüpfen wir heraus aus dem physischen Leibe, wo der Gedanke, der konzentriert ist, erstirbt. — Wir würden nun überhaupt in das Unbewusste gehen, wenn wir nicht parallel mit dieser Konzentration etwas anderes versuchen würden, wodurch wir, wenn wir hinausschlüpfen aus unserem physischen Leibe, uns doch bewusst draussen erhalten. Wir nennen dasjenige, was wir tun müssen, um uns draussen bewusst zu erhalten: ein gelassenes Leben haben, *gelassen* die Dinge der Welt hinnehmen. Wir können noch mehr tun, als gelassen die Dinge hinnehmen. Wir können es mit dem, was uns ja als Theorie so geläufig ist, wir können es mit der Karma-Idee völlig ernst nehmen... Wenn wir es ernst nehmen mit der Karma-Idee, dann müssen wir unser Ich in unserem Schicksale wirklich erkennen; wir müssen uns klar sein, dass wir in dem, was uns im Schicksal zustösst, selber tätig sind, dass wir selber die eigentlichen Akteure sind."

Was so für das Erleben der Meditation gilt, das hat seinen Grund in geistigen Tatsachen, die zwischen Tod und neuer Geburt oder auch in der Einweihung erlebt werden. Darauf hat Rudolf Steiner im selben Vortrag mit folgenden Worten hingewiesen: „Es ist sehr schwierig, wirklich die Empfindung zu entwickeln, dass man sein Schicksal mit dem eigenen Ich heranträgt. Wahr ist es aber: wir tragen unser Schicksal mit unserem eigenen Ich heran, und die Impulse bekommen wir nach Massgabe unserer früheren Inkarnationen in dem Leben zwischen dem Tode und einer neuen Geburt, so dass wir da unser Schicksal selber an uns herantragen. Und wir müssen danach streben, zusammenzuwachsen mit unserem Schicksal, müssen immer mehr und mehr, statt antipathisch einen schweren Schicksalsschlag abzuwehren, uns sagen: Dadurch, dass dieser Schicksalsschlag dich trifft, das heisst, dass du dich triffst mit dem Schicksalsschlag, dadurch machst du dich in gewisser Beziehung stärker, kräftiger, kraftvoller. — Es ist schwieriger, so mit unserem Schicksal zusammenzuwachsen, als uns dagegen zu wehren..., aber dasjenige, was wir verlieren, wenn unser Gedanke erstirbt, das können wir nur wieder gewinnen, wenn wir auf diese Weise das, was ausser uns ist, in uns hineinziehen. In dem, was in unserer Haut ist, können wir nicht bleiben, wenn der Gedanke bei der Konzentration in uns erstirbt; aber hinaustragen wird er uns, wenn wir unser Karma, unser Schicksal im wahren Sinne erfasst haben: da wecken wir uns wieder auf. Der Gedanke erstirbt, aber das, was wir als Identifizierung erfasst haben zwischen unserem Ich und unserem Schicksal, das tragen wir hinaus, das trägt uns draussen in der Welt herum. — Diese Gelassenheit gegenüber unserem Schicksal, das wahrhaftige Hinnehmen unseres Schicksals, das ist es, was uns mit Existenz beschenkt, wenn wir ausserhalb unseres Leibes sind... Zwei Sätze, meine lieben Freunde, können Leitsätze für uns sein, können uns ausserordentlich wichtig sein. Der erste dieser Sätze, den wir uns so recht tief einschreiben sollten, ist dieser:

Erstrebe des Gedankens Ersterben im All.

Denn nur, wenn der Gedanke erstirbt im All, dann wird er draussen eine lebendige Kraft. — Aber wir können uns mit dieser lebendigen Kraft nicht verbinden, wenn wir uns nicht um den Inhalt des zweiten Satzes bemühen:

Erstrebe des Schicksals Auferstehung im Ich.

Wenn du das vollbringst, dann vereinigst du das im Gedanken wiedergeborene mit dem ausser dir auferstandenen Ich."

Capesius' Seele bringt zum Ausdruck, dass sie nicht die Kraft kenne, die ihr das am fernen Seelenufer auftauchende Bild in ihrer Sphäre wirksam machen könnte. Darauf antwortet Luna:

Was dir zwei Erdenleben gaben, *fühle* —
Im ernsten Wandel floss in alter Zeit
Das eine dir dahin; von Ehrsucht trübe
Durchlebtest du ein spätres; nähre dieses
Mit Gnadenkraft aus jenem andern kräftig,
So werden Jovis Feuerseelen dir
In deinem Blickekreis sich offenbaren;
Du wirst dich weisheitsvoll erkraftet wissen.
Dann wird das Bild, das du noch fern
Am Ufer deiner Seelensphäre schaust,
In deine Nähe sich bewegen können.

74

Im Erstreben der Auferstehung des Schicksals im Ich findet Capesius' Seele die lebendigen Kräfte, die durch das Ersterben der Gedanken im All entstanden sind. — Astrid sagt im Hinblick auf das Bild der Seele Straders, mit dem Capesius schicksalsmässig verbunden ist:

> Gedankenkräfte will das Bild dir geben,
> Dass du als Mensch den Menschen finden kannst,
> Der deiner Erdenzukunft Bild dir zeigt.

Die Kräfte aus den im All erstorbenen Gedanken bewirken, dass schicksalsverbundene Menschen einander wiederfinden. — Im Saturngebiet können diese Kräfte die Wurzeln eines Denkens pflanzen, das des Erdenlaufes Sinn zu enthüllen vermag. Dies geht hervor aus Philias Worten:

> Wenn bald Saturn der vielen Farben Licht
> Dir strahlen wird, so nutz' die Zeitengunst.
> Es wird in deine Seelenhülle dann
> Des Geistverwandten Bild durch seine Kraft
> Des Denkens Wurzeln pflanzen, welche dir
> Des Erdenlaufes Sinn enthüllen sollen,
> Wenn dieser Stern dich wieder tragen wird.

Capesius will Philias Rat befolgen.

Darauf spricht Luzifer in einer Weise, als wäre er der Herrscher im Sonnengebiete des Geisterlandes. Um dies zu verstehen, sei an die folgenden Worte Rudolf Steiners aus dem Zyklus XXXVII erinnert: „Einer der schönsten Aussprüche des Neuen Testamentes ist der, den wir so charakterisieren können, dass der Christus Jesus im Menschen das Bewusstsein hervorrufen will von dem göttlich geistigen Wesenskerne im menschlichen Innern, dass der ‚Gott‘ als *Gottesfunke* in jeder menschlichen Seele lebt, dass jeder Mensch eine Göttlichkeit in sich hat. Das hob der Christus Jesus besonders stark hervor, und mit aller Kraft und Gewalt betonte er: ‚Ihr seid Götter, alle!‘ Und so betonte er es, dass man dem Ausspruch ansieht: er betrachtet diese Bezeichnung des Menschen, wenn der Mensch sie sich beilegt, als das Richtige! — Diesen Ausspruch hat noch ein anderes Wesen getan. Bei welcher Gelegenheit, das drückt symbolisch das Alte Testament aus: *Luzifer*, am Beginne der Menschheitsentwicklung,

tut den Ausspruch: ‚Ihr werdet sein wie Götter!‘ Eine solche
Tatsache muss man bemerken: zwei Wesen tun den inhaltlich
gleichen Ausspruch: ‚Ihr werdet — oder sollt sein wie Götter‘,
Luzifer und Christus!... In der Sonnen-Sphäre zwischen Tod
und neuer Geburt ist es, wo wir vor allen Dingen die ganze
Gewalt der Worte zu unserer menschlichen Seele sprechen
hören: ‚Du bist ein Gott, du sollst ein Gott sein!‘ Und wir
wissen da eines immer ganz sicher, wenn wir in der Sonnen-
Sphäre ankommen: wir wissen, dass Luzifer uns dort wieder
begegnet und uns diesen Ausspruch recht eindringlich zur
Seele führt. Luzifer beginnen wir von da ab recht gut zu verstehen — den Christus nur dann, wenn wir uns auf der Erde
allmählich vorbereitet haben, ihn zu verstehen. Wir bringen
in der Sonnen-Sphäre kein Verständnis mit für den Ausspruch, insofern er aus Christi Wesenheit tönt, wenn wir auf
der Erde uns nicht dieses Verständnis durch ein Verhältnis
zum Mysterium von Golgatha erworben haben. — Mit einem
trivialen Worte möchte ich folgendes sagen. In der Sonnen-
Sphäre begegnen wir zwei Thronen — dem Thron des Luzifer: da tönt uns verführerisch das Wort von unserer Göttlichkeit entgegen; und dieser Thron ist immer besetzt. Der andere
Thron erscheint uns — oder besser gesagt — er erscheint
vielen Menschen noch recht leer; denn auf diesem andern
Throne in der Sonnen-Sphäre müssen wir in unserm Leben
zwischen Tod und neuer Geburt dasjenige auffinden, was
man nennen kann das *Akasha-Bild* von dem *Christus*... Aber
wir können es nur finden, weil der Christus von der Sonne
herabgestiegen ist und sich mit der Erden-Sphäre vereinigt
hat, und weil wir unser geistiges Auge durch das Verständnis
für das Mysterium von Golgatha auf der Erde schärfen können,
damit uns der Thron Christi auf der Sonne nicht leer erscheint,
sondern damit seine Taten für uns sichtbar werden, die er
verrichtet hat, als er noch selber die Sonne bewohnte.“ (Vortrag 2)

Indem Luzifer in der Sonnen-Sphäre den Menschen die
Göttlichkeit als Ziel sichtbar macht, ohne ihnen die Kraft zum
Erreichen dieses Zieles zu geben, führt er sie in einen schmer-
zenden Zwiespalt hinein. Das ist angedeutet durch Luzifers
Worte:

Ich will in diesen Seelen noch erwecken
Den Blick in Welten, deren Licht sie schmerzt,
Bevor sie diese Sonnenzeit mit Kräften
Für späteres Erdensein verlassen können.
Es muss das Leid mit Zweifel sie befruchten.
Ich will berufen jene Seelensphären,
Die sie, zu schauen, nicht erkraftet sind.

Darauf erscheinen Benedictus' und Marias Seelen. Durch
sie wird den anderen Seelen ihr Ziel der Göttlichkeit bewusst;
aber sie sind nicht imstande, das durch Benedictus' Seele
offenbarte Sonnenwesen in sich zum Erstrahlen zu bringen.
Marias Seele deutet auf die Sonnen-Wortes-Kraft, mit der
Benedictus in früheren Verkörperungen die anwesenden
Seelen gütig gepflegt hat. Was von damals her noch jetzt in
ihrer Seele fruchtet, ermöglicht ihnen jetzt, sein Nahen zu
fühlen. Felix Baldes Seele hört die Sonnenworte, ohne ihr
Leuchten wahrnehmen zu können. Straders Seele sieht das
leuchtende Wesen, vermag aber nicht den Sinn der Leuchte-
kräfte zu erlauschen. Frau Baldes Seele erklärt den von Luzifer herberufenen Seelen:

Es hört der Büsser eurer Worte Ton,
Doch leuchtet ihm allein das Sonnenwort;
Sein *Überglanz* ertötet eure Stimmen.
Es schaut der andre euer Sternenlicht,
doch ist die Sternenschrift ihm unbekannt.

Der Hinweis auf die Sternenschrift weckt in Capesius' Seele
Gedanken, die sich ihm in einem früheren Erdendasein offen-
bart haben. Aber sie schwinden ihm schon im Entstehen. Zum
Schluss weist der Hüter darauf hin, dass die von Luzifer her-
berufenen Seelen sich nicht in die Sphären der anderen
Seelen hineindrängen dürfen.

Sechstes Bild

Was Capesius im Sonnengebiet der geistigen Welt geschaut hat als Bild, „das Gnade strahlte, Güte milde wirkte“,
das erlebt er jetzt im Saturngebiet, wie ihm bereits voraus-
gesagt wurde, „mit vieler Farben Strahlung“ übergossen, und
auch die Ankündigung, dass dies Bild „durch seine Kraft des
Denkens Wurzeln pflanzen“ werde, welche ihm „des Erdenlaufes Sinn enthüllen sollen“, erfüllt sich jetzt, indem er durch
das Bild angeregt wird, für künftige Erdenzeiten aus ihm zu
ziehen, was die Seele, die sich ihm im Bilde offenbart, ihm einst
gegeben hat. Capesius' Seele sagt von diesem Bilde, dass es
„Gnade strahlte, Güte milde wirkte“. Dem Verständnis der
hier erwähnten strahlenden Kraft der Gnade dürften folgende
Worte aus dem Zyklus „Inneres Wesen des Menschen ...“
förderlich sein: „Aber noch eine Seelenkraft muss aus uns
herauskommen, die noch in viel tieferen Schichten der Seele
schlummert als das fühlende Wollen und das wollende Fühlen:
die kreative Seelenkraft, die wie ein inneres Seelenlicht ist,
die hinausleuchten muss über die geistige Welt, damit wir nicht
nur auf den Gefühlswogen, die da zurückkommen, in dem Meer
unseres Willens schwimmend, schauen die lebend webenden,
objektiven Gedankenwesen, sondern damit wir auch mit gei-
stigem Licht durchleuchtet haben diese geistige Welt. Die
erwacht allmählich... Diese kreative Seelenkraft, die wir wie
ein Seelenlicht ausstrahlen in den geistigen Raum hinaus (wenn
ich den Ausdruck Raum hier gebrauchen darf, denn es ist
eigentlich kein Raum, aber man muss diese Verhältnisse in
gewisser Weise dadurch zum Verständnis bringen, dass man
sich bildlich ausdrückt), — dieses Seelenlicht schlummert so
tief unten in uns, weil es zusammenhängt mit dem, wovon
wir im Leben nichts wissen dürfen und können; das schlummert ganz tief unten in uns während des Lebens im physischen
Plan, was dann als Licht wie erlöst ist und dann die geistige
Welt erleuchtet und erhellt. Was da von uns ausstrahlt, muss

umgewandelt und verwendet werden während unseres physischen Lebens dazu, dass unser Leib wirklich lebt und Bewusstsein in sich bergen kann. Aber ganz unterhalb der Schwelle des Bewusstseins wirkt diese geistige Leuchtekraft in unserem physischen Leib als die Leben und Bewusstsein organisierende Kraft; wir dürfen sie nicht ins Erdenbewusstsein hereinbringen, sonst würden wir unserem Leibe die Kraft rauben, die ihn durchorganisieren muss. Jetzt, wo wir keinen Leib zu versorgen haben, wird sie geistige Leuchtekraft und durchstrahlt und durchleuchtet und durchhellt und durchglitzert alles — die Worte bedeuten reale Wirklichkeiten". (Vortr. 5.)

Diese geistige Leuchtekraft ermöglicht bis zum Erleben der Weltenmitternacht das Schauen der geistigen Umwelt: „Indem wir die Dinge (in der physischen Welt) sehen, hören, kommt die Möglichkeit, sie zu sehen und zu hören durch die Sinne, von der Aussenwelt. In der geistigen Welt, wissen wir, kommt diese Möglichkeit von uns, indem das, was wir Seelenlicht, Seelenleuchte nennen können, von unserer Seele ausstrahlt und die Dinge erhellt, erleuchtet und durchleuchtet. So leben wir in die Zeit hinein, die man nennen kann die erste Hälfte des Lebens zwischen dem Tod und einer neuen Geburt." (S. 14.) In der Weltenmitternacht hört diese Fähigkeit auf, und die schöpferische Kraft ersteht in neuer Weise: „Aber indem man so in der ersten Hälfte des Lebens zwischen dem Tod und einer neuen Geburt weiterlebt und sich der Mitte der Zeit zwischen dem Tod und einer neuen Geburt nähert, fühlt man immer reicher werden das einsame Leben und gleichsam kürzer und dämmeriger werden die Ausblicke auf die geistige Umgebung, bis die Zeit herankommt in der Mitte zwischen dem Tod und einer neuen Geburt, die ich versucht habe, in meinem letzten Mysteriendrama ‚Der Seelen Erwachen‘ als die Weltenmitternacht zu bezeichnen, — wo der Mensch das stärkste Leben in seinem Innern hat, aber er nicht mehr in sich die kreative Seelenkraft hat, um seine geistige Umgebung zu beleuchten, wo sozusagen unendliche Welten aus unserem Innern uns innerlich geistig erfüllen können, aber wir von anderem Sein als unserem eigenen Sein nichts wissen können. Das ist die Mitte in den Erlebnissen zwischen dem Tod und einer neuen Geburt in der Weltenmitternacht. — Und nun beginnt die Zeit, in der im Menschen die Sehnsucht zu einer positiven schöpferischen Kraft wird; denn obzwar wir ein Unendliches als ein inneres Leben haben, erwacht in uns die Sehnsucht, eine Aussenwelt wieder zu haben. Und so verschieden sind die Verhältnisse der geistigen Welt von denen der physischen Welt, dass, während die Sehnsucht in der physischen Welt die passivste Kraft ist (wenn wir etwas haben, nach dem wir uns sehnen, so ist es dieses Etwas, was uns bestimmt), ist das Gegenteil in der geistigen Welt der Fall. Da wird die Sehnsucht eine schöpferische Kraft; sie verwandelt sich in das, was jetzt als eine neue Art von Seelenlicht eine Aussenwelt uns geben kann, eine Aussenwelt, die aber doch eine Innenwelt ist, indem sich uns der Blick eröffnet auf unsere früheren Erdeninkarnationen. Die liegen jetzt, beleuchtet von dem aus unserer Sehnsucht heraus geborenen Licht, vor uns ausgebreitet. Es gibt im geistigen Kosmos eine Kraft, die aus der Sehnsucht heraus diesen Rückblick erleuchten und uns erleben lassen kann." (S. 15 f.) Zwischen beiden Arten des Erlebens der kreativen Seelenkraft liegt die Weltenmitternacht, die von Capesius' Seele nicht bewusst erlebt wird. Er vernimmt zwischen dem Erleben der geistigen Umwelt und dem Erleben einer früheren Inkarnation Worte der Seele des Romanus.

Bevor der Mensch zur Weltenmitternacht gelangt, muss er durch den Zustand der tiefsten Einsamkeit hindurchgehen. Im Drama sehen wir Felix Balde als Büsser in der Einsamkeit. Ihm nähern sich Theodoras und Frau Baldes Seelen, und „der Geist, den sich die Seelen durch die Liebe zum Führer stets erwerben, schreitet vor". Dieser Geist erscheint in der Gestalt der anderen Philia. Romanus' Seele sagt:

Der Sanftmut Licht entströmt der einen Seele;
Es fliesst zur andern hin, die selbst sich uns
Als Büsserin erbildet. Das Bild erstrahlet
Der Schönheit Glanz, der hier als Weisheit lebt.

Mit diesen und den vorhergehenden Worten ist angedeutet, dass die beiden Seelen und der Geist, den sie durch Liebe zum Führer erwerben, dem einsamen Menschen die Verbindung mit dem Christusimpuls bewahren.

Die Verbindung der Seele mit dem Christusimpuls ist in unserer Zeit für das bewusste Erleben der Weltenmitternacht erforderlich. Im vorhin erwähnten Zyklus sagt Rudolf Steiner: „Es gibt im geistigen Kosmos eine Kraft, die aus der Sehnsucht heraus diesen Rückblick erleuchten und uns erleben lassen kann. Dazu ist aber in unserem gegenwärtigen Zeitenzyklus eines notwendig ... Bevor das Mysterium von Golgatha geschehen ist, war es möglich, durch die Kräfte, durch die der Mensch zusammengehangen hat mit den Urzeiten, den Zusammenhalt zu haben, den festen Ichzusammenhalt zu haben, nicht zu verlieren diesen Ichzusammenhalt, das heisst, an das verflossene Erdenleben das eine vollständig deutlich zurück als Erinnerung zu behalten: Man war auf der Erde in diesem Leben als ein Ich. Das muss sich durchdehnen durch die Zeiten der Einsamkeit und der Geselligkeit. Vor dem Mysterium von Golgatha war durch die vererbten Kräfte dafür gesorgt. Jetzt kann dafür nur dadurch gesorgt werden, dass mit dem, was wir als unser Erdengut von uns losgelöst haben, was wir sich fernend empfunden haben gleich beim Verlassen des physischen Leibes, dass verbunden bleibt mit diesem eine Seelenerfüllung, die Seelenerfüllung, die wir haben können dadurch, dass der Christus ausgeflossen ist in die Erdenaura. Dieses Durchdrungensein mit dem Christus-Substanziellen, das ist es, was uns durch die jetzigen Übertritte aus dem physischen Leben in den Tod die Möglichkeit lässt, bis zur Weltenmitternacht hin die Erinnerung an unser Ich zu bewahren trotz alles Ausbreitens, trotz alles Zusammenziehens in der Einsamkeit. Bis dahin reicht der Impuls, der von der Christuskraft ausgeht, so dass wir uns selber nicht verlieren. Dann aber muss aus der Sehnsucht heraus eine neue geistige Kraft, eine Kraft, die überhaupt nur im Geiste vorhanden ist, unsere Sehnsucht zu einem neuen Lichte anfachen. Diese Kraft ist nur im geistigen Leben vorhanden." (Vortr. 5)

Torquatus' Seele spricht von „der Sehnsucht Widerschein" und verweist auf das Mitgefühl, das nicht in der Einsamkeit erworben werden kann. Bellicosus' Seele fordert auf, das Geistgehör zu erkraften, um die Seele zu vernehmen, „die im Licht der Sanftmut strahlt". Gemeint ist Theodoras Seele. Sie wendet sich an Frau Baldes Seele als an ihre treue Geistgefährtin und fordert sie auf, dem einsamen Menschen die

Liebe ihrer Seelenhülle in sanftem Glanze zuzuströmen, damit
sie ihm „der Einsamkeit verzehrend Feuerkraft" mildere und
ihm Gedankenstrahlen herlenke von den Schattenseelen, „die
jetzt in Geisteswelten sich die Kräfte sammeln", um zu helfen,
dass „den Menschenseelen Wachstums-Werdesinn im Erdenleben sich erkraften möge". Es handelt sich hier um das Vermitteln von Kräften, die den Menschen aus der Geisteswelt
zum Erdenwirken führen. Diese Kräfte helfen dem Menschen,
sich dem Banne Luzifers zu entringen. Darauf deutet Frau
Baldes Seele mit den Worten:

> Bis deine Geisteshülle sich entringt
> Dem Banne Luzifers, — geleit' ich dich
> Durch deine Einsamkeit, und trage dir
> Die Kräfte zu, die ich von Stern zu Stern
> Im Weltall wandelnd für dich sammeln will.

Alle diese Worte sind durchwoben vom Lichte und von
der Kraft des Christusimpulses, und sie leiten hin zum Erleben der Weltenmitternacht. Wie deren Abglanz erscheinen
bereits die folgenden Worte Theodoras:

> Vergangnes Erdendenken regt sich glimmend,
> Am Seelenufer dort . . . Ein menschlich Bild . . .
> So sah ich's erdenhaft; es folgt hierher;
> Es widerhallet einst Gehörtes hier:
> „Aus Gottessein erstand die Menschenseele;
> Sie kann in Wesensgründe sterbend tauchen,
> Sie wird dem Tod dereinst den Geist entbinden."

(Während der letzten Sätze erscheinen Luzifer und Johannes
Thomasius' Seele.) Der aus vergangenem Erdenleben wider-
hallende Spruch der Ritter-Bruderschaft erinnert daran, dass
in der Weltenmitternacht auf das Sterben in Christus die
Auferstehung durch den Heiligen Geist folgt, wie Rudolf
Steiner es im erwähnten Zyklus mit folgenden Worten darstellt: „Meine lieben Freunde, es gibt in der physischen Welt
die Natur und das diese Natur durchdringende Göttliche,
aus dem wir in die physische Welt hineingeboren werden. Es
gibt den Christusimpuls, der in der Erdenaura, das heisst in
der Aura der physischen Natur, vorhanden ist. Aber die Kraft,
die in der Weltenmitternacht an uns herankommt, um unsere
Sehnsucht leuchtend zu machen über unsere ganze Vergangen-

heit hin, die gibt es nur in der geistigen Welt, die gibt es nur da, wo keine Leiber leben können. Und hat uns der Christusimpuls bis zur Weltenmitternacht gebracht, und ist die Weltenmitternacht in geistiger Einsamkeit von der Seele erlebt rings herum, weil das Seelenlicht jetzt nicht erstrahlen kann von uns selber aus; ist die Weltenfinsternis eingetreten — hat uns der Christus bis dahin geführt, so tritt jetzt aus der Weltenmitternacht heraus aus unserer Sehnsucht ein Geistiges, erschaffend ein neues Weltenlicht, über unsere eigene Wesenheit hin ein Leuchten verbreitend, durch das wir uns neu ergreifen im Weltendasein, durch das wir neu erwachen im Weltendasein. Der Geist der geistigen Welt, der uns erweckt, wir lernen ihn kennen, indem aus der Weltenmitternacht ein neues Licht hervorleuchtet, das Licht über unsere verflossene Menschheit erstrahlend. In dem Christus sind wir gestorben, durch den Geist, durch den leiblosen Geist, der ... der Heilige Geist genannt wird, das heisst, der ohne den Leib Lebende — denn mit dem Worte heilig ist dies gemeint — ohne die Schwächen eines im Leibe lebenden Geistes, durch diesen Geist werden wir in unserer Wesenheit wiedererweckt aus der Weltenmitternacht heraus. Durch den Heiligen Geist werden wir also in der Weltenmitternacht erweckt. Per spiritum sanctum reviviscimus." (Vortr. 5)

Die „andere Philia" deutet nun auf Theodoras Bruderliebe und auf Frau Baldes Phantasieschaffen. Darauf sagt Frau Baldes Seele:

> Ich folge dir, du meine Seelenschwester,
> Du meine Philia, die Liebe schafft,
> Von Stern zu Stern, von einem Geist zum andern.
> Ich folge dir zu Sternenwelten hin,
> Ich trag' dein Wort zu manchen Weltensphären,
> Im Geisteswirken *mich* auch selber bildend
> Für meine künft'ge Erdenwanderschaft.

Damit kommt es zu einem Abklingen dieser Vorstufe des Erlebens der Weltenmitternacht. Felix Baldes Seele, geführt von Frau Baldes Seele, verschwindet langsam, Theodora bleibt starr eine Weile stehen, sieht Johannes' Seele an, dann verschwindet auch sie, ebenso Johannes' Seele und Luzifer. Dann sagt Romanus' Seele:

Dass wir an diesem Geistesorte jetzt
Das Wort der Liebe mit dem Wort des Schaffens
Zum Bund sich *einen* sahen, dies erkraftet
In unserm Wesen Keime, deren wir
Im spätern Erdensein bedürftig werden.

Nun verschwinden auch Romanus', Torquatus' und Bellicosus'
Seelen, und es erscheinen Benedictus' Seele und Marias Seele
an der Seite des Hüters der Schwelle. Es ist wie der Aufgang
der Sonne nach der Morgendämmerung. Der Hüter spricht:

Erkennet eure Weltenmitternacht!
Ich halte euch im Bann gereiften Lichts,
Das jetzt Saturn euch strahlt, bis eure Hüllen
In stärk'rem Wachen, durch des Lichtes Macht
Euch selbst erleuchtend, ihre Farben leben.

Die hier dargestellte Situation hat Rudolf Steiner in ver-
schiedenen Vorträgen beschrieben. Im Zyklus „Die Geheimnisse der Schwelle" finden wir darüber folgende Worte: „Und
dann tritt wirklich der Moment ein, wo all das verschwindet,
woran man sich erinnern kann. Dann kommt es wiederum zurück, aber jetzt in veränderter Weise. Es wird alles das einem
wiederum zurückgetragen, was verschwunden ist; es sammelt
sich wiederum zusammen, aber so, dass es zeigt, wie es werden
muss infolge dessen, was da weggegangen ist, damit ja das
richtige neue Leben dem Karma gemäss sich aufbaue im Sinne
der alten Erdenleben. Da rückt wieder von der Unendlichkeit
herein nach dem Mittelpunkte das, was sich ergeben muss,
was wiederum aus der Vergessenheit zurückkommen muss
in unser Bewusstsein, damit wir karmagemäss das neue Leben
uns zimmern. Eine Art Vergessen also, ein blosses Sicherleben
im wahren Ich ist vorhanden ungefähr in der Mitte zwischen
dem Tod und einer neuen Geburt. — Die meisten Seelen der
Menschen sind heute noch nur so vorbereitet, dass sie dieses
Vergessen erleben wie in einer Art Geistesschlaf der Seele;
aber die dazu vorbereitet sind, erleben gerade in diesem Moment des Vergessens, des Übergangs von der Erinnerung an
die vorhergehenden Erdenleben zur Vorbereitung der kommen-
den dasjenige, was in der ‚Seelen Erwachen' die Weltenmitternacht genannt ist, wo man sich vertiefen kann in die
Notwendigkeiten des Daseins. So dass dieses Bild von der

Weltenmitternacht in der Tat mit den tiefsten Geheimnissen des menschlichen Daseins zusammenhängt." (Vortr. 8)

Marias Seele ist genug vorbereitet, um die Weltenmitternacht im Seelenwachen zu erleben. Sie sagt:

> Die Weltenmitternacht im Seelenwachen? — —
> Es war zur Mondenzeit, da sprach die Sonne
> Das ernste Schicksalswort: Die Menschenseelen,
> Die Weltenmitternacht im Wachen leben,
> Sie schauen Blitze, die im schnellsten Zucken
> Notwendigkeiten blendend überleuchten,
> Dass Geistesblicke im Erkennen sterben, — —
> Und sterbend sich zu Schicksalzeichen formen,
> Die ewig wirksam sich in Seelen prägen.
> Es hören solche Seelen Donnerworte,
> Die in den Weltengründen dumpf verrollen,
> Und rollend jeden Seelenwahn bedrohen.

Luzifer und Johannes' Seele erscheinen wieder, und es beginnt ein Geisteskampf zwischen Marias Denken und Luzifers Gedanken. Der Kampf geht um die Befreiung von Johannes' Seele aus der Gewalt Luzifers. Johannes' Seele empfindet jetzt das Licht von Marias und Benedictus' Seelen, braucht aber noch die Kraft, um dies Licht in sich „zur Wesenheit zu stärken". Philia mahnt, dass es gilt, schnell zu ergreifen, was diese Seelen „im Weltenlichte selbst erleuchten".

Die darauf folgenden Worte der Seele Marias zeigen im ersten Teile die Verbundenheit mit dem Christusimpuls bis zum Eintreten der Weltenmitternacht und dann das Erscheinen eines neuen Lichtes im Erwachen durch den heiligen Geist, wie es zum Ausdruck kommt in den Worten:

> Doch welche Flammen weckt das Wort der Liebe?
> Sie leuchten milde; und die Milde strahlet
> Erhabnen Ernst; es zucken gnadevoll
> Der Weisheit Blitze durch den Weltenäther, — —
> Und Seligkeit ergiesst sich freudewebend
> Durch alle Weiten meines Seelenkreises.
> O Zeitendauer, ich erflehe mir:
> Ergiesse dich in diese Seligkeit,
> Und lass den Führer, lass die andre Seele
> Mit mir in dir jetzt friedevoll verweilen.

Der Hüter der Schwelle bestätigt, dass hier die Weltenmitternacht von Marias Seele wachend erlebt wird, und er
offenbart die Bedeutung dieses Geschehens für ihr künftiges
Erdenleben, indem er sagt:

> Sie soll dann anders vor sich selber stehn, — —
> In ält'rer Zeiten Bild ihr Selbst erschauen,
> Erkennen, wie zum Geisteshöhenflug
> Die Schwingen auch im Seelensturz erstarken.
> Es darf die Seele *niemals stürzen wollen;*
> Doch *muss* sie Weisheit aus dem Sturze holen.

Die Folgen des Sturzes können durch den Christusimpuls
überwunden und in der Weltenmitternacht durch den heiligen
Geist in Weisheit verwandelt werden.

Astrid erhält vom Hüter die Aufgabe, für Maria das See-
len-Ungewitter der Weltenmitternacht zu bewahren,

> Bis ihre nächste Weltenmitternacht
> Im Strom der Zeit die Seele wachend findet.

Damit ist gesagt, dass Maria im zeitlichen Dasein zum Ewigkeitserleben gelangen soll. Im Zyklus „Von der Initiation …"
hat Rudolf Steiner das Ewigkeitserleben beschrieben, das der
Mensch in der Geistesschau haben kann. Er sagt dort: „Man
erlebt nicht ein Vorher und Nachher, sondern man kann es
nicht anders bezeichnen als eine Kreislaufbewegung, bei welcher Anfang, Mitte und Ende eigentlich nicht anders gebraucht werden können, als wenn man sie zusammen gebraucht.
Wie beim Kreise, wenn er fertig gezogen ist, von jedem Punkte
gesagt werden muss: ‚da fängt er an' — und wenn man herum-
gegangen ist — ‚da hört er wieder auf' (aber von *jedem* Punkte
kann man das sagen), so ist das bei diesem Erleben. Man hat
nicht das Gefühl, dass man eine Zeit durchlebt, sondern eine
Kreislaufbewegung durchmacht, einen Zyklus beschreibt —
und verliert bei diesem Erleben vollständig das Gefühl für die
Zeit, die man gewöhnlich im Sinnensein hat. Man hat nur das
Gefühl: ‚Du bist in der Welt, und die Welt hat zu ihrem Grund-
charakter das Zyklische, das Kreishafte'. Und ein Wesen,
welches nie die Erde betreten hätte, welches nie im Sinnensein
gewesen wäre, sondern nur in dieser Welt immer gelebt hätte,
würde nie auf den Gedanken kommen: ‚Die Welt hat einmal
einen Anfang genommen und könnte gegen ein Ende zulaufen';

sondern es stellt sich ihm immer nur eine in sich geschlossene
Kreiswelt dar. Ein solches Wesen hätte gar keine Veranlassung
zu sagen, ‚es erstrebt die Ewigkeit‘, aus dem einfachen Grunde,
weil überall alles ewig ist, weil nirgends etwas ist, über das man
hinaussehen könnte über etwas Zeitliches in etwas Ewiges
hinein.“ (Vortr. 5)

Anschliessend beschreibt Rudolf Steiner die Sehnsucht,
die den Menschen beim Erleben der Ewigkeit das zeitliche
Dasein suchen lässt, als etwas Luziferisches: „Dieses Gefühl
der Zeitlosigkeit, des Zyklischen tritt also auf der entsprechenden Stufe des Hellsehens oder beim bewussten Durchleben
des Schlaflebens auf. Aber dies vermischt sich mit einer gewissen Sehnsucht. Diese Sehnsucht tritt dadurch hervor, dass
man nie bei diesem Erleben in der höheren Welt eigentlich
‚in Ruhe‘ ist; man fühlt sich überall in der Kreisbewegung
drinnen, fühlt sich immer bewegt, macht nie irgendwo Halt.
Und die Sehnsucht, die man hat, ist: irgendwo Halt machen
zu können, irgendwo in die Zeit hineintreten zu können!,
genau — möchte ich sagen — das Umgekehrte von dem,
was man im Sinnensein erlebt. In diesem fühlt man sich immer
in der Zeit und hat die Sehnsucht nach der Ewigkeit. In der
Welt, von der ich gesprochen habe, fühlt man sich in der
Ewigkeit und hat die einzige Sehnsucht: ‚Wenn doch irgendwo
die Welt stille stände und irgendwo in das Zeitensein einrückte!‘
Das ist das, was man als ein Grundgefühl kennen lernt: die
immerwährende Beweglichkeit im All — und die Sehnsucht
nach der Zeit; das Erleben in dem sich immerwährend, sich
selber für immer garantierenden Werden — und die Sehnsucht: Ach, könnte man doch irgendwo auch einmal irgendwie
vergehen! ... Dieses Gefühl kann in zweifacher Weise auftreten; einmal so, dass man das, was man erlebt, ausdrücken
müsste: ‚Ich habe eine Sehnsucht nach der Vergänglichkeit,
nach dem Sein, zusammengedrängt in der Zeit; ich möchte
nicht ausgegossen sein in die Ewigkeit‘. Wenn man dieses
Gefühl (bitte das wohl zu beachten) in der geistigen Welt hat,
also nicht etwa es so hat, dass man es im Sinnensein hat,
sondern dass es, wenn man wieder zurückkommt in die Sinneswelt, gar nicht da zu sein braucht, sondern nur da ist in der
geistigen Welt, und man sagen kann, man habe in der geistigen
Welt das Gefühl: ‚Du möchtest so recht hinein dich erleben

in die Zeitlichkeit, möchtest so recht konzentriert sein in Selbständigkeit an einem Punkt des Weltenseins, und möchtest das so vollenden, dass du sagen kannst: Ach, was ist an aller Ewigkeit gelegen, die sich sonst im Universum ausdehnt! Ich will mir dieses eine Selbständige sichern, da drinnen will ich sein!' — ... Wenn man in der Sinneswelt von einem Wunsche ergriffen ist, so kann man sich sagen: ‚Ach könntest du dir doch diesen einen Punkt sichern'. Wenn man von den höheren Welten in Wirklichkeit spricht, muss man sagen: man fühlt sich von einem Wesen hingedrängt, und das wirkt in einem und bewirkt in einem, dass man sich so ausdrückt, dass man hinein will in diesen Punkt. Wenn man einen solchen Wunsch — sich diesen Punkt zu sichern, konzentriert zu sein in der Zeitlichkeit — verstanden hat als einen Impuls, der von einem *Wesen* gegeben wird in der Welt (nur so kann es sein), dann hat man den Einfluss des luziferischen Wesens in der Welt erfasst."

Diese luziferische Sehnsucht kann in der Weltenmitternacht durch den Christusimpuls in kreative Seelenkraft oder in schöpferische Gnadekraft verwandelt werden. Dass in Marias Seele diese Umwandlung stattfindet, kommt zum Ausdruck in ihren Worten:

Verweilend fühl' ich Sternenseligkeit,
Betreten darf ich sie im Strom der Zeit.
Ich will im Gnadewalten schaffend leben
Mit diesem langverbundnen Seelenwesen.

Wie Astrid für Maria die Sternenseligkeit im Strom der Zeit bewahrt, so bewahrt Luna ihr das Geistesschaffen im Erdensein. Zur Geisteswelt gehört die Ewigkeit ebenso, wie zur Sinneswelt die Zeitlichkeit gehört. Durch den Christusimpuls kann der Mensch das Ewigkeitslicht im zeitlichen Dasein erleben und aus Ewigkeitskräften im zeitlichen Dasein wirken. Dazu ist die Überwindung des luziferischen Einflusses erforderlich. Rudolf Steiner sagt im selben Vortrag: „Ein Wesen, das irgendwo in der Zeit auftritt, ist soviel ein ewiges Wesen, als es sich zu befreien vermag von dem luziferischen Dasein; und es ist ebensoviel ein zeitliches Wesen, als es unterliegt dem luziferischen Dasein ... Der Mensch ist ein Wesen, zu dessen ganzer Natur mitwirken müssen fortschreitende göttliche We-

sen und luziferische Wesen; und insofern fortschreitende
göttliche Wesen in ihm sind, ringt sich ein Teil seines Wesens
so los von allem, was daran luziferisch ist, dass es der Ewigkeit
teilhaftig ist. Insofern die göttlichen Wesen wirken, hat der
Mensch Anteil an dem Ewigen; insofern die luziferische Welt
in ihm wirkt, gliedert sich an die Menschenwesenheit alles an,
was mit Vergänglichkeit und Zeitlichkeit verbunden ist ...
Damit haben wir versucht, ein gewisses Licht zu werfen auf
die Begriffe: Zeitlichkeit, Vergänglichkeit, Augenblick und
Ewigkeit auf der einen Seite, Sterblichkeit und Unsterblichkeit
auf der andern Seite, und es haben sich zusammengebunden
die Begriffe Vergänglichkeit und Zeitlichkeit mit dem luziferischen Prinzip. Mit dem Christus-Prinzip werden sich uns
Begriffe wie Ewigkeit, Unsterblichkeit zusammenfügen."

Erst wenn der Mensch in das höhere Gebiet der Geisteswelt eintritt, wo er die Weltenmitternacht erlebt, gelangt er
zu einer deutlichen Unterscheidung des höheren und des niederen Ich. Das beschreibt Rudolf Steiner im selben Vortrag,
wie folgt: „Jetzt ist man, wenn man auf sein Ich zurückblickt,
auch in bezug auf sein *Ich* gespalten und sagt sich mit aller
Ruhe: ‚Was du dein Ich früher genannt hast, daran erinnerst
du dich jetzt nur; jetzt lebst du in einem übergeordneten Ich,
und das verhält sich so zu dem früheren Ich, wie du dich als
Denker verhältst in bezug auf die Erinnerungen zum Leben
im Sinnensein.' Auf das also, was der Mensch eigentlich ist
als Erdenmensch, auf seinen Ich-Menschen sieht man erst
auf dieser Stufe herunter. Man ist aber da zugleich entrückt
in eine noch höhere Welt, die man das höhere Geisterland
oder — wenn man will — die höhere Mentalwelt nennen kann,
eine etwas von der anderen verschiedene. Da ist man darinnen,
wenn man das Ich zwiegespalten fühlt und das gewöhnliche
Ich nur noch als Erinnerung fühlt. Da hat man erst die Möglichkeit, in richtiger Weise den Menschen auf der Erde zu beurtei-
len. Wenn man dort zurückschaut, fängt man an zu wissen,
was der Mensch seiner tiefsten Wesenheit nach ist." (S. 14.)
Dies Doppelerlebnis des Ich kommt zum Ausdruck in den
Worten, die Johannes' Seele spricht:

In meinem Seelenkreise — dieser Stern!
Er leuchtet Seligkeiten, — strahlet Gnade —,

Ein Seelenstern im Weltenäther — schwebend; —
— — — — — — — — — — — — — — — — — — —
Doch dort, — im matten Licht, — ein andrer Stern,
Er tönt mir leise, doch ich will ihn hören.

Johannes unterscheidet jetzt deutlich das Ich im Ewigkeitserleben (im Seelenkreise), das Seligkeiten leuchtet und Gnadekraft ausstrahlt, von dem in der Sinneswelt erlebten Ich, das
durch den Geist der Jugend zu ihm spricht und sich unter
luziferischem Einfluss befindet. Weil ein Teil seines Wesens
sich von luziferischen Einflüssen losgerungen hat, kann er
jetzt beide Teile objektiv, wunschlos erleben, was dem Erleben
des höheren Selbst entspricht.

Siebentes Bild

Da Johannes jetzt imstande ist, sein höheres und sein niederes Selbst wunschlos zu erleben, enthüllt sich ihm das „verzauberte Weben des eigenen Wesens" bei der Rückschau in ein früheres Erdenleben, das im alten Ägypten stattgefunden hat. In der altägyptischen Zeit bereitet sich vieles von dem vor, was für unsere Zeit charakteristisch ist, so auch das Erleben des Zwiespaltes zwischen dem höheren und dem niederen Ich. Rudolf Steiner beschreibt dies im Zyklus „Die Mysterien des Morgenlandes und das Christentum", wo er sagt: „Denn dadurch charakterisiert sich das Wesen des modernen Menschen, dass etwas in diesem Wesen des modernen Menschen ist, was der Herrschaft der Seele entzogen ist, was wie Totes gegenüber der umliegenden lebendigen Umgebung des menschlichen Organismus ist. Und indem sie wirken auf dieses Tote, haben auf den Menschen Einfluss die luziferischen und die ahrimanischen Kräfte in einem ganz besonderen Maße, in einer ganz besonderen Art. Während der Mensch auf der einen Seite immer freier und freier werden kann, schleichen sich in das, was der Herrschaft der Seele entzogen ist, gerade die ahrimanischen und luziferischen Kräfte ein. Das ist der Grund, warum sich so viele Naturen in der modernen Zeit finden, die da — mit Recht — sagen, dass sie fühlen, wie wenn zwei Seelen in ihrer Brust wohnten, wie wenn sich wirklich die eine von der anderen trennen wollte. Vieles von den Rätseln des modernen Menschen, von den inneren Erlebnissen des modernen Menschen ruht in dem, was eben gesagt worden ist. Und der sogenannte Heilige Gral war nichts anderes und ist nichts anderes als das, was pflegen kann den lebendigen Teil der Seele so, dass er Herr werden kann des Totgewordenen. Und *Montsalvatsch*, die Pflegestätte des Heiligen Gral, ist die Schule, in der man zu lernen hat für den lebendigen Teil der Menschenseele das, was man natürlich in den morgenländischen und ägyptischen

Mysterien nicht zu lernen brauchte — wo man zu lernen hat, was man hineingiessen muss in den lebendig gebliebenen Teil der Seele, damit man Herr werden kann des Totgewordenen des physischen Leibes und des Unbewusstgewordenen der Seele." (Vortr. 4)

Im vorangehenden Vortrag spricht Rudolf Steiner von der Wandlung im ägyptischen Mysterienwesen, die das moderne Geistesstreben vorbereitet hat. Wir finden dort folgende Darstellung: „Durch die Verbindung mit dem Osiris war es möglich, sich in seiner tieferen Bedeutung als Mensch zu erkennen. — Was dargestellt worden ist, begründete also, dass der ägyptische Eingeweihte Weltenwort und Weltentöne traf als die Erklärer seiner eigenen Wesenheit in der spirituellen Welt. Das war aber in der alten ägyptischen Zeit bis zu einem gewissen Zeitpunkte da, *nur* bis zu einem gewissen Zeitpunkte. Von diesem gewissen Zeitpunkte ab hörte es auf. Und es ist ein grosser Unterschied zwischen dem, was der ägyptische Eingeweihte in den altägyptischen Tempeln erlebte, und dem, was er in späteren Zeiten erlebte. Wollen wir uns auch einmal vor die Seele schreiben, was der Eingeweihte in den späteren Zeiten erlebte. Da konnte er auch durch die weltallweiten Gefilde geführt werden bis zu den Ufern des Daseins; da konnte er erfahren alle die Wesenheiten, die den physischen und Ätherleib des Menschen aufbauen; da konnte er hintreten an die Ufer des Daseins und konnte ansichtig werden der schweigsamen, stummen Isis und wahrnehmen an ihr das Wärmedasein, das für den Menschen die Kräfte enthält, die vom Tode zu einer neuen Geburt hinüberführen; da konnte er auch das Licht erkennen, das die Seele zwischen dem Tode und der neuen Geburt erleuchtet; die Sehnsucht entstand auch, zu hören das Weltenwort und die Weltenharmonie; Sehnsucht lebte in der Seele, wenn sich die Seele vereinigte mit der schweigsamen, stummen Göttin Isis. Aber — die Göttin blieb stumm und schweigsam! Kein Osiris konnte in der späteren Zeit geboren werden, keine Weltenharmonie ertönte, kein Weltenwort erklärte dasjenige, was sich bange jetzt zeigte als Weltenwärme und Weltenlicht. Und es war dann die Seele des zu Initiierenden so, dass sie ihre Erlebnisse nicht anders hat aussprechen können, als indem sie etwa sagte: ‚So schaue ich trauernd hinauf, gequält von Wissensdurst und

Wissenssehnsucht, zu dir, o Göttin, und du bleibst der gequälten, der leidvollen menschlichen Seele, die, weil sie sich selber nicht verstehen kann, sich wie ausgelöscht vorkommt..., du bleibst dieser Menschenseele schweigsam und stumm!' Und trauernd machte die Göttin ihre Gebärde, ausdrückend, dass sie ohnmächtig geworden war zum Gebären des Weltenwortes und der Weltentöne. Das erkannte man an ihr, dass man ihr entrissen hat die Kraft zum Gebären und zum An-der-Seite-Haben des Osiris, des Sohnes und des Gemahls. Entrissen fühlte man den Osiris der Isis. — Denjenigen, die diese Einweihung durchmachten und wieder zurückkamen in die physische Welt, die hatten eine ernste, aber resignierende Weltanschauung. Sie kannten sie, die heilige Isis; aber sie fühlten sich als die „Söhne der Witwe'."

Aus den „Söhnen der Witwe" ist später die Geistesströmung der Manichäer hervorgegangen. Der Jüngling zu Nain, der durch seine Auferweckung den Impuls für ein späteres Wirken erhielt, wird in den Evangelien als „Sohn der Witwe" bezeichnet, und Mani selbst war wiederum ein „Sohn der Witwe". Die Auferweckung des Jünglings zu Nain beschreibt Rudolf Steiner im Zyklus über das Lukas-Evangelium wie folgt: „Was wir über die ‚Auferweckung des *Jünglings zu Nain*' lesen, enthält das Geheimnis von dem fortwirkenden Christentum... Diejenige Individualität, die in dem Leibe des Jünglings zu Nain enthalten ist, soll eine Initiation ganz besonderer Art erfahren. — Es gibt verschiedene Arten von Initiation oder Einweihung. Die eine Art besteht darin, dass der Betreffende, der eingeweiht worden ist, unmittelbar nach dem Einweihungsvorgang in sich aufleuchten sieht die Erkenntnisse der höheren Welten, dass er hineinschauen kann in die Vorgänge und Gesetze der geistigen Welten. Eine andere Art der Initiation kann aber so stattfinden, dass zunächst in die betreffende Seele nur der Keim hineinversenkt wird, so dass sie dann noch eine Inkarnation abzuwarten hat; dann tritt dieser Keim heraus, und es wird dann in der späteren Inkarnation der Betreffende ein Initiierter im ausdrücklichen Sinne. — Eine solche Initiation wurde mit dem Jüngling zu Nain vollzogen. Damals wurde seine Seele bei dem Ereignis von Palästina umgewandelt; da hatte sie noch nicht das Bewusstsein, hinaufgestiegen zu sein in die höheren Welten.

Erst in der nächsten Inkarnation keimten die Kräfte heraus, die damals in die Seele gelegt waren. — Es können hier in einem exoterischen Vortrage nicht die Namen genannt werden, welche damals in Betracht kamen; es kann nur darauf hingewiesen werden, dass später in einem gewaltigen Religionslehrer diejenige Individualität erwachte, welche der Christus Jesus in dem Jüngling zu Nain auferweckt hatte, und dass auf diese Weise in späterer Zeit ein neuer Lehrer des Christentums erstehen konnte mit den Kräften, die damals in seine Seele versenkt worden waren."

Den Übergang von der Stimmung des „Sohnes der Witwe" zum Gralsmysterium schildert Rudolf Steiner im Zyklus „Die Mysterien des Morgenlandes..." wie folgt: „Versuchen wir uns einmal so recht lebhaft in die Stimmung eines solchen zu Initiierenden zu versetzen, wie er in den spirituellen Regionen, die er zunächst erreichen kann, das schöpferische Wort hinschwinden fühlte, wie es untertaucht in die irdische Region, dem spirituellen Blick zunächst verschwindet. Verfolgen wir die Erdenentwicklung, wie nun dieses schöpferische Wort für den spirituellen Blick so fortschreitet, wie etwa ein Fluss, der an der Oberfläche gewesen ist und dann unter der Erdoberfläche für eine gewisse Zeit verschwindet, um so später an anderer Stelle wieder hervorzutreten. Und es trat wieder hervor, was hinabsinken gesehen haben die in tragischer Stimmung sich befindenden, in den späteren ägyptischen Mysterien zu initiierenden Seelen. Es trat hervor, und schauen konnten es diejenigen in den späteren Zeiten, die am Mysterienwesen teilnehmen durften. Und ins *Bild* mussten sie bringen, was sie schauen konnten, was da wieder heraufstieg — aber jetzt so heraufstieg, dass es nunmehr *zur Erdenentwicklung gehörte.* — *Wie* stieg herauf, was im alten Ägypten untergetaucht war? — So stieg es herauf, dass es sichtbar wurde in jener heiligen Schale, die da bezeichnet wird als der ,*Heilige Gral*', die da gehütet wird von den ,Rittern des Heiligen Gral'. Und im Aufstieg des Heiligen Gral kann empfunden werden, was im alten Ägypten hinuntergetaucht ist. In diesem Aufsteigen des Heiligen Gral steht vor uns alles das, was nachchristliches Wiedererneuern des alten Mysterienwesens ist. Im Grunde genommen schliesst sich in dem Worte des ,Heiligen Gral' und alledem, was mit ihm zusammenhängt, das Wiederauftauchen des morgenländischen Mysterienwesens ein." (Vortr. 4)

Die Erneuerung der alten Mysterien durch den Christus-
impuls gehörte zu den wesentlichen Zielen des Manichäismus,
und das Streben in dieser Richtung führte zum Gralsmysterium
und damit auch zum Erleben des höheren Selbst im schwachen
Erdenmenschen, wie es zum Ausdruck kommt in den folgenden
Worten Rudolf Steiners aus demselben Vortrag: „So muss sich
eigentlich der an das moderne Mysterienwesen Herantretende
fühlen, dass er sich so gegenübersteht, dass er sich bestrebt,
der zu werden, der nachstrebt den Tugenden *Parzivals*, und
der doch weiss, dass er noch ein anderer ist, dass er — durch
alle die geschilderten Verhältnisse der neueren Zeit, weil er
ein Mensch der neueren Zeit ist — der *verwundete Amfortas*
ist. Der Mensch der neueren Zeit trägt diese Doppelnatur in
sich: strebender Parzival und verwundeter Amfortas. So
muss er sich selbst fühlen in seiner Selbsterkenntnis. Daraus
quellen dann die Kräfte, die eben aus dieser Zweiheit heraus
zur Einheit werden müssen und den Menschen wieder ein
Stück weiterbringen sollen in der Weltenentwicklung."

Die im siebenten Bilde des Dramas dargestellte Rückschau
führt uns in die Zeit zurück, in die oben beschriebene
Wandlung im ägyptischen Mysterienwesen bereits stattgefunden hat. Die Eingeweihten vernehmen nicht mehr direkt
das Weltenwort, sondern verwalten nur noch dessen über-
lieferte Offenbarung und vermitteln diese den Neophyten
bei der Einweihung. Auch die Vorbereitung wird nicht mehr
so gewissenhaft durchgeführt wie in früheren Zeiten. Wir
sehen im Drama, dass die Priesterschaft einen jungen Mysten
zur Einweihung ausersehen hat, obwohl dessen Inneres noch
von Leidenschaften durchwühlt ist. Der Opferweise, eine
frühere Verkörperung des Capesius, durchschaut dies und
fasst den Entschluss, die Einweihung zu verhindern, wenn sich
erweisen lässt, was er erkannt hat. Capesius zeigt sich in jener
Inkarnation als der entscheidend Handelnde. Über die Bedeutung seines damaligen Erdenlebens äussert sich Rudolf
Steiner im Zyklus „Die Geheimnisse der Schwelle" wie folgt:
„Sie werden namentlich aus der ‚Pforte der Einweihung' entnommen haben, dass Capesius eine Art Geschichtsgelehrter

ist, ein Historiker. Nun hat mir die okkulte Forschung ergeben, dass eine Anzahl namhafter Historiker der Gegenwart dieses gerade dadurch geworden sind, dass sie in irgendeinem Verhältnis gestanden haben zur ägyptischen Einweihung im dritten nachatlantischen Kulturzeitraum. Entweder, dass solche Geschichtsgelehrten direkt mit dem Einweihungsprinzip zu tun hatten oder den Tempelgeheimnissen in der einen oder anderen Art nähertraten. Bemerkt werden Sie haben, dass Capesius ein Historiker ist, der sich nicht allein auf äussere Schriftwerke verlässt, sondern der auch versucht, die Ideen der Geschichte zu durchdringen, die in der Menschheitsentwicklung, in der Kulturentfaltung, spielen. — Ich muss gestehen: Während ich versuchte, in der ‚Pforte der Einweihung‘, in der ‚Prüfung der Seele‘ und in dem ‚Hüter der Schwelle‘ Capesius zu charakterisieren, stand mir immer vor Augen seine Beziehung zu dem ägyptischen Einweihungsprinzip, die im 7. und 8. Bilde jetzt in ‚Der Seelen Erwachen‘ ja näher zum Ausdruck gekommen ist. Und das sollte man eigentlich festhalten, dass die Erlebnisse, die die Capesiusseele hatte während ihrer ägyptischen Inkarnation, zugrunde liegen all den späteren Schicksalen, die für diese Seele, auch für die Gegenwart in Betracht kommen." (Vortr. 5)

Des Opferweisen ernste Auffassung vom Weihedienst kommt besonders zum Ausdruck in den Worten:

> Was wir als mystisch Weihewerk vollbringen,
> Bedeutung hat es doch nicht hier allein.
> Es geht des Weltgeschehens Schicksalsstrom
> Durch Wort und Tat des ernsten Opferdienstes.
> Was hier im Bilde sich vollzieht, es schafft
> In Geisteswelten ewig wirksam Sein.

Der Opferweise ist sich bewusst, dass des Weltgeschehens Schicksalsstrom im Weihedienst des Tempels vorgebildet werden soll. Er ist überzeugt, dass das göttliche Schöpferwort nicht für immer der Geistesschau entschwunden sein kann, sondern von neuem und auf neue Weise hervortreten wird. Seine eigene Stimmung wirkt vorbereitend für das Erleben des Schöpferwortes im Ich. Sie kommt besonders zum Ausdruck in den Worten:

Ich lerne sie fürwahr hier tief erkennen:
Die Einsamkeit am ernsten Geistesort.
Warum bin ich an diesem Ort allein?
Die Seele muss es fragen; – doch der Geist –
Wann wird er *dieser* Seele Antwort geben?

Dem Erleben des Schöpferwortes im Ich geht die Einsamkeit voraus, wie ja auch Johannes der Täufer als Rufer in der Einsamkeit dem Herrn den Weg bereitet.

Achtes Bild

Es folgt nun die Darstellung einer altägyptischen Einweihung. Die Hauptstufen ihres Verlaufes haben allgemeine Gültigkeit. Im Zyklus „Die Mysterien des Morgenlandes und das Christentum" verweist Rudolf Steiner auf das Gemeinsame jeder echten Einweihung mit folgenden Worten: „Ob wir nun sprechen von *morgenländischen* Mysterien, ob wir sprechen von *abendländischen* Mysterien — gewisse Stufen haben alle gemeinsam. Daher haben auch für alle Mysterien gewisse Ausdrücke einen guten Sinn, Ausdrücke, die etwa so gefasst werden können, dass man sagt: Zunächst muss *jede* Seele, die eine gewisse Stufe der Initiation, eine gewisse Stufe des Mysterienwesens erreichen will, das erfahren, was man nennen kann ‚in Berührung kommen mit dem Erlebnis des Todes‘; das zweite, wovon jede Seele etwas erfahren muss, ist der ‚Durchgang durch die elementarische Welt‘; das dritte ist das, was man in den ägyptischen oder sonstigen Mysterien genannt hat das ‚Schauen der Sonne um Mitternacht‘, und ein weiteres ist das, was man die ‚Begegnung mit den oberen und unteren Göttern‘ nennt." (Vortr. 1)

Im Drama ist die erste Stufe der Einweihung in den Worten der Ägypterin angedeutet, die in leidenschaftlicher Liebe mit dem jungen Neophyten verbunden ist. Sie sagt:

> Dies ist die Zeit, in welcher er sein Sein
> Dem uralt' heiligen Weihedienste weiht, —
> Und mir für immer sich entreissen muss.
> Aus jenen Lichteshöh'n, in die er sich
> Mit *seiner* Seele wendet, muss der *meinen*
> Der Todesstrahl erscheinen; — ohne ihn —
> Ist Trauer nur für mich, Entsagung, Leid,
> Im Erdenfeld zu finden, — und der Tod — —

Bei rechter Vorbereitung würde der Tod, von dem die Ägypterin spricht, auch den Neophyten in dem Teile seines Wesens treffen, der durch Leidenschaft mit der Ägypterin verbunden ist. So käme er entsprechend der ersten Einweihungsstufe in Berührung mit dem Erlebnis des Todes.

Die zweite Einweihungsstufe, der „Durchgang durch die elementarische Welt", wird im Drama ausführlich dargestellt. Wir hören die Worte, welche die Vertreter der Elemente (der Erde, der Luft, des Feuers und des Wassers) an den Neophyten richten. Diese Worte werden ergänzt und eingerahmt durch Worte des Schwellenhüters, des Mysten, des Wortbewahrers, des Siegelbewahrers und des höchsten Opferweisen. Philia, Astrid und Luna geben eine zusammenfassende Rückschau des Einweihungsgeschehens. Schliesslich sagt der Opferweise:

> Es ist gescheh'n, was unserm Opfer frommt.
> Die Seele hat vergessen, was sie war.
> Der Elemente Widersprüche haben
> Des Irrtums Scheingewebe ihr getilgt;
> Der lebt im Streit der Elemente fort.
> Gerettet hat die Seele nur ihr Wesen.
> Und was im Wesen lebt, sie soll es lesen
> Im Weltenwort, das aus der Flamme spricht.

Darauf wird der Neophyt aufgefordert zu lesen, was die Flamme als Weltenwort im Innern ihm verkündet. Zum Schrekken der Anwesenden offenbart nun der Neophyt nicht Geist-Erschautes, sondern irdisches Fühlen. Damit ist die Tempelhandlung entweiht. Aus der anschliessenden Auseinandersetzung zwischen dem Wortbewahrer und dem Opferweisen geht hervor, dass nicht nur die ungenügende Vorbereitung des Neophyten, sondern auch das Verhalten des Opferweisen zum Misslingen der Weihehandlung geführt hat; denn weil zu jener Zeit das Weltenwort schon lange nicht mehr direkt vernommen werden konnte, war es Sitte geworden, dass der Opferweise durch sein Denken dem Neophyten die traditionelle Offenbarung des Weltenwortes zu übermitteln hatte. Diesmal nun hat der Opferweise bewusst sich enthalten, das ihm vorgeschriebene Wort zu denken, um der Wahrheit zum Siege zu verhelfen. Er sagt jetzt:

> Die Wahrheit hat gesiegt. — Ihr mögt mich strafen;
> Ich musste tun, was ihr in Furcht erlebt.

Ich fühle schon die Zeiten nahe kommen,
Die aus dem Gruppengeist das Ich befreien
Und ihm das eigne Denken lösen werden.
Es mag der Jüngling eurem Mystenweg
Sich jetzt entringen ·—. Spätres Erdesein
Wird ihm die Mystenweise sicher zeigen,
Die ihm von Schicksalsmächten vorgedacht.

Aber für dieses Mal ist die dritte Stufe der Einweihung, „das Schauen der Sonne um Mitternacht", offensichtlich misslungen. Anstelle der vierten Stufe, der „Begegnung mit den oberen und unteren Göttern", beginnen jetzt Ahriman und Luzifer zu sprechen, was allerdings nur in einer für den Opferweisen und den höchsten Opferweisen vernehmbaren Sprache geschieht. Dass der höchste Opferweise die Bedeutung des Geschehens erkennt, geht hervor aus seinen Worten:

Die Sphinxe sprechen, — sie, die Bild nur waren,
Seit Weise hier den Dienst verrichtet haben.
Der Geist, er hat die tote Form ergriffen — —;
O Schicksal, du ertönst als Weltenwort —!

Wo das Schicksal als Weltenwort ertönt, da wird ein neues Erleben des Weltenwortes im Ich des Menschen vorbereitet. Wirklich vereinigt sind Weltenwort und Ich des Menschen später durch die Christustat. Seither kann in dem vom Christusimpuls erfüllten Ich das Wesen der Sonne im Wachbewusstsein erlebt werden.

Für das Erleben des Ich als Sonne und für den Übergang von den alten zu den neuen Mysterien gibt Rudolf Steiner im Zyklus „Die Mysterien des Morgenlandes..." folgende Darstellung: „Genau wie die Sonne zur Pflanze, die unten wächst, sagen würde, so kann das Ich sagen zu seinem physischen und Ätherleib: ,Das gehört zu mir, wie die Pflanze zur Sonne; ich bin wie eine Sonne für den physischen Leib und Ätherleib.' *Sonne* für den physischen Leib und Ätherleib! So lernt der Mensch mit Notwendigkeit sprechen von seinem Ich. Und ebenso wie er sprechen lernt von seinem Ich mit Bezug auf den physischen Leib und Ätherleib, wie die Sonne zur Pflanze sprechen würde, so lernt er von seinem astralischen Leibe so sprechen, wie der *Mond* und auch die Planeten zur Pflanze sprechen müssten. Das ist ein ganz besonderes Mysterienerlebnis, ein wichtiges Mysterienerlebnis. — In der Weise, wie ich es jetzt auseinandergelegt habe, ist dieses Mysterienerlebnis als unmittelbare Erfahrung — als wirkliches Erlebnis — zuerst gepflegt worden in den Mysterien des *Zarathustra*, und dann über die ganze Weltentwicklung hin bis wieder in den Mysterien des Heiligen *Gral*. Genannt wurde es immer, dieses Erlebnis, weil es der Mensch — namentlich während der ägyptischen Mysterienzeit — am deutlichsten hatte, wenn er schlafend um die Mitternacht geistig die Sonne schaute und sich mit den Kräften der Sonne so vereint fühlte, wie es jetzt charakterisiert worden ist, genannt wurde es ‚die Sonne um Mitternacht sehen', Erleben des Sonnenhaften im eigenen Ich als eine Sonnenkraft, die auf physischen Leib und Ätherleib scheint." (Vortr. 2)

Durch das Christus-Ereignis ist es möglich geworden, „die Sonne um Mitternacht" im *Wachbewusstsein* zu erleben, und gerade das ist im sechsten Bilde dieses Dramas dargestellt. Hier sind die Mysterien als Grals-Mysterien neu erstanden. Eine ausführlichere Beschreibung des Grals-Mysteriums gibt Rudolf Steiner im Kasseler Zyklus über das Johannes-Evangelium, wo er sagt: „Das Mysterium von dem wiedergeborenen Gotte waltet in der Menschheit. Das ist das Grals-Mysterium. Das ist das Mysterium, das wie ein neues Evangelium hingestellt wird, und von dem gesagt wird: ‚Wir sehen hinauf zu einem solchen Weisen, wie dem Schreiber des Johannes-Evangeliums, der da sagen konnte: Im Urbeginne war das Wort, und das Wort war bei Gott, und ein Gott war das Wort. Das, was im Urbeginne bei Gott war, das ist wiedergeboren worden in dem, den wir haben leiden und sterben sehen auf Golgatha, und der auferstanden ist. Diese Kontinuität des göttlichen Prinzips durch alle Zeiten hindurch, und die Wiedergeburt dieses göttlichen Prinzips, das wollte der Schreiber des Johannes-Evangeliums darstellen. Aber alle, die solches darstellen wollten, die wussten: das, was von Anfang an war, ist erhalten geblieben. Im Anfange war das Mysterium vom höheren Menschen-Ich; im Gral war es aufbewahrt; mit dem Gral blieb es verbunden. Und im Gral lebt das Ich, das verbunden ist mit dem Ewigen und Unsterblichen, wie das niedere Ich mit dem Vergänglichen und Sterblichen... Dasjenige, was in jeder Menschenseele als das höhere Ich geboren werden kann, das weist uns hin auf die Wiedergeburt des göttlichen Ich in der Entwicklung der ganzen Menschheit durch das Ereignis von Palästina. Wie in jedem einzelnen Menschen das höhere Ich geboren wird, so wird in Palästina das höhere Ich der ganzen Menschheit, das göttliche Ich geboren; und es wird erhalten und weiter entwickelt in dem, was sich hinter dem Zeichen des Rosenkreuzes verbirgt." (Vortr. 1)

Neuntes Bild

Auf die mächtig wirkende Szene im ägyptischen Tempel folgt nun eine ganz ruhige Handlung in einem kleinen, ernst stimmungsvollen Zimmer. Warum das so ist, erklärt Rudolf Steiner im Zyklus „Die Geheimnisse der Schwelle", indem er sagt: „Da möchte ich heute zunächst Ihre Aufmerksamkeit lenken auf das, was Ihnen vorgeführt wurde als 9., 10. und 13. Bild in ‚Der Seelen Erwachen'. Gerade in diesen Bildern haben wir etwas vor uns, was man nennen könnte schlichte Bildeindrücke, während vielleicht mancher erwarten könnte, dass nach den Bühnenvorgängen, die sich auf das Geistgebiet und die ägyptische Initiation beziehen, etwas Tumultuarisches, Tragisches, etwas — man möchte sagen — Lauterklingendes, nicht im Stillen der Seele Ablaufendes vor das Seelenauge geführt werde. Und dennoch alles, was in dem 9., 10. und 13. Bild anders sein würde, würde dem okkulten Auge unwahr erscheinen müssen... Das 9. Bild ist zunächst gewidmet jenem Seelenmoment in der Maria, wo in die Seele hineintritt ein Bewusstsein dessen, was diese Seele sozusagen in ihren Untergründen noch nicht voll bewusst durchlebt hat in der vorangegangenen devachanischen Zeit, und was sie in ferner Vergangenheit durchgemacht hat, in der Zeit, in die die ägyptische Initiation fällt... Manche Seelen sozusagen verschlafen diese Weltenmitternacht. Vorbereitete Seelen *wachen* in der Zeit ihres geistigen Lebens in jener Weltenmitternacht. Das bedingt noch nicht, dass solche Seelen, die durch ihre entsprechende Vorbereitung zwischen dem Tod und einer neuen Geburt bewusst erleben, im Wachen also erleben Weltenmitternacht, dass diese auch ein Bewusstsein von diesem Erleben hereinbringen in das Erdenleben, wenn sie zum physischen Dasein kommen. Für Maria, für Johannes Thomasius vollzieht sich das so, dass sie entsprechend vorbereitet die Weltenmitternacht erleben in ihrer geistigen Zeit zwischen dem Tod und ihrer Geburt, dass sich aber eine Art von Seelentrübnis ausgebreitet

hat im Beginne dieses Erdenlebens und durch lange Zeiten desselben hindurch, über das Erlebnis in der Weltenmitternacht
und dass dieses auftaucht in einem späteren Stadium des gegenwärtigen Erdenlebens. Dann aber taucht es nur dann auf,
wenn eine gewisse innere Ruhe und Geschlossenheit der Seele
eingetreten ist. Bedeutsam und tiefgehend sind die Ereignisse,
die geschehen mit der Seele, wenn sie Weltenmitternacht im
Wachen erlebt. Ruhiges Innenerlebnis, abgeklärtes Innenerlebnis muss die Erdenerinnerung sein an Weltenmitternacht."
(Vortr. 1)

In dieser Seelenstimmung spricht Maria, und es erscheint
ihr Astrid. Dazu äussert sich Rudolf Steiner anschliessend mit
den Worten: „Denn die Wirkung dieses Erlebens von Weltenmitternacht ist, dass das, was sonst nur subjektiv ist, was sonst
als Seelenkräfte im Innern nur wirkt, wesenhaft sich vor die
Seele stellt. Es stellt sich vor Maria so hin, wie es im 9. Bild
von „Der Seelen Erwachen" dargestellt ist in der Gestalt der
Astrid und der Luna, dass diese lebendige Wesen werden;
und für Johannes Thomasius wird die andere Philia lebendiges
Wesen der geistigen Welt, für Capesius Philia, wie sie als
lebendige Wesen der geistigen Welt in dem 13. Bilde dargestellt
ist. Die Seelen mussten sich so erfühlen, so erleben lernen, dass
das, was vorher nur abstrakte Kräfte in ihnen waren, gleichsam geistig greifbar vor sie hintritt. Und das, was da geistig
greifbar wie wahre Selbsterkenntnis sich vor die Seele hinstellt, muss in vollständiger Seelenruhe eintreten können wie
ein ruhiges Ergebnis einer Meditation; das ist es, um was es
sich handelt, damit solche Ereignisse im wahren, echten Sinne
des Wortes zur wirklichen Erstarkung und Erkraftung der
Seele erlebt werden können. Würde man in tumultuarischer
Tragik, nicht in abgeklärter Meditation, die Rückerinnerung
erleben wollen an die Weltenmitternacht oder an ein solches
Ereignis, wie es in der ägyptischen Einweihungsszene dargestellt ist, dann würde man es gar nicht erleben können. Dann
würde sich das geistige Ereignis, das sich in der Seele abspielt,
verfinsternd vor die Seele hinstellen, so dass sich die Eindrücke entziehen würden der Seelen-Beobachtung. Eine Seele,
welche Weltenmitternacht erlebt hat und welche mit einem
bedeutenden Eindruck in die Untergründe der Seele so etwas
erlebt hat, wie es im 7. und 8. Bilde von „Der Seelen Erwachen"

dargestellt wird, kann sich nur zurückerinnern an das, was sie durchgemacht hat, wenn die Seele in vollständiger, abgeklärter Ruhe das Heranrücken der Gedanken an das vorher im Geistigen oder in vorherigen Erdenleben Erlebte so empfindet, wie es mit den Worten im Beginne des 9. Bildes ausgedrückt ist: ,Ein Seelenstern, am Geistesufer dort — er nahet, — nahet mir in Geisteshelle, mit meinem Selbste nahet er — im Nahen — gewinnt sein Licht an Kraft, — an Ruhe auch. Du Stern in meinem Geisteskreise, was — erstrahlt dein Nahen meiner Seelenschau?' Wahr okkultistisch empfinden kann man das Auftreten der Erinnerung an Weltenmitternacht und an das Erlebnis der vorhergehenden Inkarnation nur dann, wenn die Seele in dieser ruhigen Verfassung ist, so dass nicht in tumultuarischer Tragik die Sache an die Seele heranrollt." (Vortr. 1)

Nach den von Rudolf Steiner zitierten Worten des Dramas erscheint Astrid und sagt:

> Erkenne, was ich dir verleihen darf;
> Dem Weltenkampf des Lichts mit Finsternissen
> Entwand ich deines Denkens Kraft; ich bring'
> Sie dir aus Weltenmitternachterwachen
> In deine Erdenform getreu zurück.

Astrid als Seelenstern in Geisteshelle offenbart das höhere Selbst, das in der Weltenmitternacht die Kraft des Denkens „dem Weltenkampf des Lichts mit Finsternissen" entwunden hat. Maria ist jetzt imstande, in der Kraft des Denkens die Blitz- und Donnerkraft der Weltenmitternacht zu erleben. Darin zeigt sich die Bedeutung des Denkens für die moderne Einweihung, worauf Rudolf Steiner oft hingewiesen hat. Im Vortrag vom 4. Februar 1923 (Der Nachtmensch und der Tagesmensch) beschreibt er, wie in den alten Mysterien „die Wesens-Überzeugung von der menschlichen unsterblichen Wesenheit" durch das „Erkenntnis-Erleben des Todes" gesucht wurde, und weist dann darauf hin, dass der moderne Mensch das Todeserlebnis in seinem Denken findet und durch das Denken zur Einweihung gelangt. Er gibt darüber die folgende Darstellung: „Der moderne Mensch kann nur dadurch an die Einweihung herankommen, dass er sich mit aller Tiefe und aller Intensität sagt: Wenn ich in mich selbst hineinschaue, finde ich mein Denken. Aber dieses Denken ist tot: ich brauche den Tod nicht mehr zu suchen. Ich trage ihn in meinem geistig-seelischen Wesen in mir. — Während also hingeführt werden musste der alte Einzuweihende bis zu der Stufe, wo er den Tod erlebte, musste sich der moderne Einzuweihende immer mehr und mehr klarmachen: Ich habe ja in meinem seelisch-geistigen Leben den Tod. Ich trage ihn ja in mir. Ich brauche ihn nicht zu suchen. Ich muss im Gegenteil aus einem innerlich willensmässig-schöpferischen Prinzip heraus die toten Gedanken beleben. — Und auf dieses Beleben der toten Gedanken zielt alles hin, was ich dargestellt habe in ‚Wie erlangt man Erkenntnisse der höheren Welten?‘, auf dieses Einschlagen des Willens in das innere Seelenleben, damit der Mensch aufwache. Denn während das alte Einweihen eine Art Einschläfern sein musste, muss das neue Einweihen eine Art Aufwecken sein.“

Im Erwachen durch Belebung der toten Gedanken erringt der Mensch seine Freiheit. Dies hat Rudolf Steiner im vorangehenden Vortrag ausführlicher dargestellt. Er sagt dort: ,,Der moderne Mensch reisst sich heraus während des Schlafes nicht nur aus seiner Sinneswelt, sondern auch aus der Welt, welche die Welt des alten Hellsehens war... Der alte Hellseher, der noch von der alten Welt wahrnahm, — nicht von der Zukunftswelt —, der konnte kein völlig freier Mensch werden, denn er wurde abhängig von diesem Wahrnehmen. Das Im-Nichts-Ruhen während des Schlafes macht den modernen Menschen, den Menschen der modernen Zeit, eigentlich frei. — So sind zwei Gegenbilder vorhanden für den modernen Menschen, erstens: Er lebt während des Wachens im Gedanken, der ein blosser Gedanke ist, der nicht mehr Bilder enthält im alten Sinne; die hält er, wie gesagt, für Mythologie. Und er lebt während des Schlafens in der Nichtigkeit: dadurch befreit er sich von der Welt; dadurch erringt er sich das Bewusstsein der Freiheit. Die Gedankenbilder können ihn nicht zwingen, weil sie blosse Bilder sind. Gerade so wenig, wie die Spiegelbilder zwingen können, irgend etwas verursachen zu können, gerade so wenig können die Gedankenbilder von den Dingen den Menschen zu etwas zwingen. Wenn daher der Mensch seine moralischen Impulse in reinen Gedanken ergreift, so muss er sie als ein freies Wesen befolgen. Keine Emotion, keine Leidenschaft, kein innerlich körperlicher

Vorgang kann ihn veranlassen, jenen moralischen Impulsen zu folgen, die er in reinen Gedanken zu erfassen in der Lage ist. Aber er ist auch imstande, diesen blossen Bildern in Gedanken zu folgen, diesem reinen Gedanken zu folgen, weil er sich während des Schlafes von allen Naturgesetzen in seinem eigenen Körperlichen befreit findet, weil er wirklich während des Schlafes eine reine Seele wird, die dem Nichtwirklichen des Gedankens folgen kann."

Da die Gedanken nur dadurch die Reinheit erlangen, dass sie aus dem unmittelbaren Zusammenhang des Fühlens und Wollens gelöst werden, kann ihre Entwicklung eine Schwächung des Willens bewirken, wenn nicht anstelle des naturhaften Wollens, von dem das Denken sich trennt, der moralisch-geistige Wille entfaltet und mit dem reinen Denken verbunden wird. Die in der Richtung zum reinen Denken gehende Entwicklung des Gegenwartsmenschen hat zu einer Schwächung des Willens geführt, so dass es jetzt zur dringenden Aufgabe wird, die Gedanken mit der inneren Wirklichkeit zu durchdringen, die nachts, wenn der Mensch schläft, seinen Willen harmonisiert. Das beschreibt Rudolf Steiner im selben Vortrag wie folgt: „Fassen wir das zunächst ins Auge, dass der moderne Mensch dieses Zweierlei hat: reine Gedanken, die rein intellektualistisch konzipiert sind, und einen in der Nichtigkeit zugebrachten Schlaf, wo er drinnen ist, wo er ein Wirkliches ist, aber wo seine Umgebung ihm ein Nichtiges zeigt. Denn nun kommt das Wesentliche. Sehen Sie, es ist nun auch einmal in der Natur des modernen Menschen begründet, dass er durch alles das, was er da durchgemacht hat, innerlich willensschwach geworden ist. Wenn man nur wollte, würde man das auch geschichtlich belegen können. Man soll nur einmal hinschauen auf mächtige geistige Bewegungen, die sich früher ausgebreitet haben: mit welchen Willensimpulsen, sagen wir, Religionsstifter durch die Welt gewirkt haben! Diese innerliche Willensimpulsivität ist der modernen Menschheit verlorengegangen. Und deshalb lässt sich der moderne Mensch zu seinen Gedanken von der Aussenwelt erziehen. Er betrachtet die Natur, bildet an den Naturvorgängen und Naturwesen seine bloss intellektualistischen Gedanken aus, wie wenn sein Inneres wirklich nur ein Spiegel wäre, der alles spiegelt. Ja, der Mensch ist schon so schwach geworden, dass er eine heillose Angst bekommt, wenn irgendeiner aus sich Gedanken produziert, wenn er Gedanken nicht bloss abliest an demjenigen, was die äussere Natur darbietet. So hat sich zunächst das reine Denken in ganz passiver Weise in dem modernen Menschen entwickelt. — Ja, die Naturgedanken kann man nicht selber machen. Man würde die Natur nur verunreinigen durch allerlei Phantastereien, wenn man die Naturgedanken selber machte; aber man hat in sich den Quell des Denkens. Man kann eigene Gedanken machen, ja man kann die Gedanken, die man schon hat, weil sie ja eigentlich eben blosse Gedanken sind, mit innerlicher Wirklichkeit durchdringen. Wann geschieht das? Das geschieht dann, wenn der Mensch soviel Wille aufbringt, dass er wiederum seinen Nachtmenschen in das Tagleben hineinschiebt, dass er nicht bloss passiv denkt, sondern seinen während des Schlafes unabhängig gewordenen Menschen in seine Gedanken hineinschiebt. Das kann man nur mit den reinen Gedanken. — Eigentlich ist das der Grundgedanke meiner ‚Philosophie der Freiheit' gewesen, dass ich aufmerksam darauf gemacht habe: In das Denken, das sich der moderne Mensch erworben hat, kann er sein Ichwesen wirklich hineinschieben, jenes Ichwesen, das (ich konnte es dazumal noch nicht aussprechen, aber es ist so), jenes Ichwesen, das er während des Schlafzustandes in der modernen Zeit freikriegt, das kann er hineinschieben in das reine Denken. Und so wird der Mensch seines Ichwesens sich wirklich bewusst im reinen Denken, wenn er so die Gedanken fasst, dass er aktiv, tätig in ihnen lebt."

Sowohl in der Weiterentwicklung der Menschheit als auch in der modernen Entwicklung ist es erforderlich, dass zum reinen Denken die geistige Willenskraft hinzukommt. Maria hat die geistige Willenskraft ihres wahren Ich in der Weltenmitternacht erlebt. Daher kann Luna ihr jetzt diese Willenskraft ins Erdendasein bringen. Durch die Erinnerung an die Worte, die Maria in der Weltenmitternacht von Luna vernommen hat, gelangt sie, indem sie weiter in der Erinnerung zurückgeht, zu den Worten des Hüters:

> Du wirst jetzt anders vor dir selber stehn;
> In ält'rer Zeiten Bild dein Selbst erschauen,
> Erkennen, wie zum Geisteshöhenflug
> Die Schwingen auch im Seelensturz erstarken;

> Es darf die Seele *niemals stürzen wollen*;
> Doch muss sie Weisheit aus dem Sturze holen.

Die Kraft dieser Worte weckt in Maria die Rückschau in das bereits dargestellte frühere Erdenleben der altägyptischen Zeit. Zuerst wird von ihr das Selbstbekenntnis des jungen Neophyten vor der Opferflamme als Sturz der eigenen Seele erlebt. Dann vernimmt sie im Geistgehör auf Veranlassung des Hüters die vorangehenden Worte des höchsten Opferweisen. Diese Worte rufen Benedictus herbei, der sie damals als höchster Opferweiser gesprochen hat. Das in ihnen enthaltene Gebot ist zu jener Zeit nicht befolgt worden; aber es hat in Marias folgenden Erdenleben unbewusst in den Seelentiefen weitergewirkt und hat sie Benedictus als Führer finden lassen. Daran erinnert er sie jetzt und bringt ihr zum Bewusstsein, dass jenes Wort sich jetzt gedankenhaft in ihr zum starken Lebensinhalt umgestaltet. Dann wiederholt er die damals im Tempel gesprochenen Worte:

> Was wir als mystisch Weihewerk vollbringen,
> Bedeutung hat es doch nicht hier allein;
> Es geht des Weltgeschehens Schicksalsstrom
> Durch Wort und Tat des ernsten Opferdienstes.

Maria erinnert sich, dass dies Wort vom damaligen Opferweisen, dem gegenwärtigen Capesius, gesprochen worden ist, und sie gewinnt ein tieferes Verständnis für dessen Wesen. Wer aber gegenwärtig die Frau ist, die sich damals in der Nähe des Tempels aufgehalten hat, kann Maria noch nicht erkennen. Der Hüter sagt ihr:

> Du wirst sie finden,
> Wenn du im Seelenreich das Wesen schaust,
> Das sie als Schatten unter Schatten ahnt.
> Sie strebt nach ihm mit starker Seelenkraft.
> Sie wird es aus dem Schattenreich erst lösen,
> Wenn sie durch dich in ihrer Gegenwart
> Ihr langvergangnes Erdensein erschaut.

Von Maria sagt Rudolf Steiner im Zyklus „Die Geheimnisse der Schwelle" hinsichtlich dieses Bildes des Dramas: „Sie macht verhältnismässig eine normale Entwicklung durch. Im 9. Bilde treten ihr Astrid und Luna zwar nicht im Verein mit der wirklichen Philia entgegen, aber immerhin treten ihr zwei Seelengestalten entgegen. Das ist eine verhältnismässig dem Normalen angenäherte Entwicklung. Ganz normal wäre es, wenn Maria vor den drei Seelengestalten stünde und das ganze Denken, Fühlen und Wollen so objektiviert wäre, dass Maria sie als Einheit empfände. Aber so eine normale Entwicklung ist kaum vorhanden. Und ich betone: Das, was ich zu charakterisieren versuchte, sind reale Gestalten, so dass die Verhältnisse absolut real möglich sind. Also solch eine Seele, der Astrid und Luna entgegentreten, unter Ausschluss der Philia — weil das, was Bewusstseinsseele und Verstandesseele ist, in einer regelmässigeren Weise bei Maria ausgebildet ist als die Empfindungsseele —, solch eine Seele macht schon eine in hohem Grade normale Entwicklung durch." (Vortr. 7)

Zehntes Bild

Eine ganz andere Entwicklung als Maria hat Johannes durchzumachen. Darüber sagt Rudolf Steiner im Zyklus „Die Geheimnisse der Schwelle" folgendes: „Aber bei Johannes Thomasius haben wir eine sehr stark von der normalen abweichende Entwicklung. Da haben wir zuerst das Auftreten des Doppelgängers. Indem Johannes Thomasius entgegenrückt seinem anderen Selbst, haben wir das Auftreten des Doppelgängers und des Geistes von Johannes' Jugend. Das alles ist in die Zahl vervielfältigt etwas, was zum anderen Selbst gehört, respektive auftritt, weil das andere Selbst wie der Beleuchter dieser inneren Verhältnisse auftritt. Und weil Johannes Thomasius zu diesem anderen Selbst nicht gleich hinzukommt — würde er ganz hinzukommen, so würden ihm alle drei Seelengestalten entgegentreten; er muss aber durch mancherlei hindurch, was sich ihm da entgegentürmt auf dem Wege zum anderen Selbst —, so kommt an ihn heran auch das, was noch näher steht der Subjektivität. Das ist die andere Philia. Die andere Philia ist auch in gewisser Beziehung das andere Selbst, aber das andere Selbst, das noch in den Tiefen der Seele drinnen ruht und sich nicht ganz losgelöst hat; das zusammenhängt mit etwas, was der geistigen Welt hier in der physischen Welt am ähnlichsten ist, zusammenhängt mit der allwaltenden Liebe und was einen hinführen kann in die höheren Welten, weil es mit dieser Liebe zusammenhängt. In der Gestalt der anderen Philia tritt ein Drittes entgegen dem Johannes Thomasius auf dem Wege zum anderen Selbst. Wenn einer Seele entgegentreten würden alle drei Seelengestalten, so hätte sozusagen diese Seele gar kein Hindernis." (Vortrag 7)

Wir sehen in diesem Bilde des Dramas Johannes ruhig meditierend im selben Zimmer, wo wir im vorangehenden Bilde Maria gesehen haben. Er spricht die Worte, die in der ägyptischen Szene von der Frau in der Nähe des Tempels gesprochen wurden, als der junge Neophyt eingeweiht werden sollte. Johannes schaut geistig jenen Vorgang, weiss aber nicht, was ihn mit dem Bilde seiner Geistesschau verbindet, da er ihm ganz wunschlos (ohne Anteil) gegenübersteht. Vor dem Erleben der Weltenmitternacht war seine Geistesschau nicht wunschlos gewesen, und er hatte erfahren müssen, dass er Wahngebilde erblickte, weil Wünsche mit seinem Schauen verbunden waren und er sich noch nicht die Geistesfriedsamkeit errungen hatte. Da er jetzt die Geistesschau wunschlos erlebt, offenbart sie ihm Wirklichkeiten. Darauf hört er wie von ferne die „andere Philia" sprechen: „Verzaubertes Weben des eigenen Wesens", und er wird an den Entwicklungsgang erinnert, der bei ihm durch ihre Worte angeregt worden ist. Da ihr Rat von ihm als wahr empfunden wird, möchte er nun auch ihr Wesen begreifen. Sie sagt, dass sie als Schatten bei ihm bleiben müsse, bis er den Geist seiner Jugend erlöst habe, dem seine Schuld verzaubertes Leben schaffe. Johannes forscht nach dem Weg zu diesem Ziel und erhält allmählich Klarheit darüber durch die Antworten, die die „andere Philia" ihm auf seine Fragen gibt. Sie sagt, der solle im Geisteslichte lebend suchen, was ihm in seinem Selbst erhalten sei. Das geschehe, wenn er ihr gebe, was er denkend sich selber sei. Sie lebe in ihm als die Kraft der Liebe und des Herzens Hoffnung und als die Früchte langvergangner Erdenleben. — Damit soll Johannes sein denkendes Ichbewusstsein verbinden, um sich selbst zu schauen und das Wesen des Bildes zu ergründen, das sein wunschloses Schauen hervorgebracht hat.

Durch die Worte der „anderen Philia" enthüllt sich für Johannes die Bedeutung seiner Geistesschau. Zuerst zeigt sich ihm im Tempel vor der Opferflamme der junge Neophyt, den die Frau ausserhalb des Tempels mit ihren Gedanken begleitet. Dann erscheint ihm Maria als Gedankengestalt und lässt ihn erkennen, dass er selbst die Frau gewesen ist, die mit ihren Gedanken den Neophyten in den Tempel begleitet hat, und weiter erfährt er, dass er den Geist seiner Jugend, dem seine Schuld verzaubertes Leben schafft, erlösen kann, wenn er Ziele lebt, die ihm aus diesem Geistesschatten leuchten.

Das Erkennen der eigenen Geistesziele im Anblick der

eigenen Verschuldungen gehört zu den Erlebnissen der Weltenmitternacht. Von Johannes wird hier erwartet, dass er dies Weltenmitternachts-Erlebnis ins wache Sinnesbewusstsein trage. Rudolf Steiner hat darauf hingewiesen, dass in Zukunft immer mehr Menschen bei wachem Bewusstsein schauen werden, was zum karmischen Ausgleich ihrer Taten erforderlich ist. Im Zyklus „Der Christus-Impuls" sagt er: „Da wird sich für den Menschen hinzuentwickeln die Fähigkeit, dass er ein Bild hat von einer fernen, noch nicht geschehenen Tat. Das wird sich zeigen als ein inneres Gegenbild seiner Tat, als karmische Erfüllung, die einmal eintreten wird. Der Mensch wird sich dann sagen: ‚Jetzt habe ich dies getan; nun wird mir gezeigt, was ich zum Ausgleich tun muss, und was mich immer zurückhalten würde in der Vervollkommnung, wenn ich den Ausgleich nicht vollbringen würde.' Da wird Karma nicht eine blosse Theorie mehr sein, sondern es wird dieses charakterisierte innere Bild erfahren werden. — Solche Fähigkeiten treten nach und nach immer mehr auf. Neue Fähigkeiten entwickeln sich; aber die alten Fähigkeiten sind die Keime für die neuen. Wovon werden es denn die Menschen haben, dass sich das karmische Bild zeigen wird? Davon werden sie es haben, dass die Seele eine gewisse Zeit im Lichte des Gewissens gestanden hat! Das ist ja das Wichtige für die Seele: nicht dass dieses oder jenes äussere Physische erlebt wird, sondern dass die Seele dadurch vollkommener wird. Durch das Gewissen bereitet sich die Seele zu demjenigen vor, was jetzt charakterisiert worden ist. Und je mehr die Menschen gegangen sein werden durch Inkarnationen, wo sie besonders das Gewissen ausgebildet haben, je mehr sie dieses Gewissen in sich pflegen werden, desto mehr werden sie tun, um jene höhere Fähigkeit zu haben, die ihnen im geistigen Schauen selber jene Gottesstimme wieder vorführt, welche die Menschen früher einmal in anderer Weise gehabt haben." (Vortr. 7)

Das auf diese Weise geschaute Zukunftsbild kann Ziel eines Handelns werden, wodurch der Mensch das durch Schuld verzauberte Eigenwesen befreien kann. Johannes ist jetzt auf dem rechten Weg nach diesem Ziel. Das gedankenkräftige Erleben der geistig geschauten Frau in Tempelnähe führt zur Wahrnehmung des Geistes seiner Jugend, der sich an ihn gebunden zeigt durch die Kräfte, die den Neophyten mit seiner damals als Ägypterin verkörperten · Individualität verbunden hielten. Dass jene Kräfte jetzt gewandelt sind, zeigen Marias Worte:

> Maria, so wie du sie schauen wolltest,
> Ist sie in Welten nicht, wo Wahrheit leuchtet.
> Mein heilig ernst Gelöbnis strahlet Kraft,
> Die dir erhalten soll, was du errungen:
> Du findest mich in hellen Lichtgefilden,
> Wo Schönheit strahlend Lebenskräfte schafft;
> In Weltengründen suche mich, wo Seelen
> Das Götterfühlen sich erkämpfen wollen
> Durch Liebe, die im All das Selbst erschaut.

Durch die Wandlung der Kräfte, die Maria mit Johannes verbinden, ist dessen Geist der Jugend von der Herrschaft Luzifers befreit und kann jetzt ungehindert zielaufhellendes Licht verbreiten. Nun hat Luzifers Kampfruf nicht mehr dieselbe Bedeutung wie am Ende des 3. Bildes des „Hüters der Schwelle". Das beschreibt Rudolf Steiner im Zyklus „Die Geheimnisse der Schwelle" mit den Worten: „Es ist wichtig, dass gerade für dieses Bild ins Seelenauge gefasst wird, meine lieben Freunde, wie da Luzifer herantritt an Johannes Thomasius, wie dieselben Worte fallen, die am Ende des dritten Bildes des ‚Hüters der Schwelle' gefallen sind; wie sich in diesen Worten zeigt, wie durch alle Welten und Menschheitsleben hindurchgeht der Kampf des Luzifer, hindurchgeht aber auch die Stimmung, die den Worten des Luzifer entgegentönt aus den Worten des Benedictus. Man versuche einmal zu erfühlen, was in diesen Worten liegt, die von Luzifer ertönen sowohl am Ende des 3. Bildes des ‚Hüters der Schwelle' wie am Ende des 10. Bildes von ‚Der Seelen Erwachen': ‚Ich werde kämpfen', ‚Und kämpfend Göttern dienen'. Und man fasse bei dieser Gelegenheit etwas anderes ganz besonders ins Auge; man fasse ins Auge, dass dieselben Worte an diesen zwei Orten gesprochen werden, dass sie aber gesprochen werden können, indem sie zugleich an diesen beiden Orten etwas ganz Verschiedenes bedeuten. Und das andere, was sie am Ende des 10. Bildes von ‚Der Seelen Erwachen' bedeuten, es wird bedingt dadurch, dass die Worte der Maria vorher Verwandlungsworte von anderen Worten gewesen sind, welche im ‚Hüter der Schwelle' gesprochen werden; dass in der Seele der Maria das lebt, was vorher gesprochen wird... Jetzt sagt sie: ‚Du findest mich in hellen Lichtgefilden‘, sie sagt nicht mehr: ‚In kalten Eisgefilden‘... Die Worte sind anders gewendet als im 3. Bild vom ‚Hüter der Schwelle‘. Dadurch wird das, was als Gespräch zwischen Luzifer und Benedictus erscheint: ‚Ich werde kämpfen‘, ‚Und kämpfend Göttern dienen‘ am Ende dieses zehnten Bildes in ‚Der Seelen Erwachen‘ etwas ganz anderes, als es war am Ende des dritten Bildes im ‚Hüter der Schwelle‘."

Elftes Bild

In ganz anderer Weise als bei Maria und bei Johannes vollzieht sich das Erwachen der Seele bei Strader. Darauf deutet Rudolf Steiner im Zyklus „Die Geheimnisse der Schwelle" mit den Worten: „Aber noch in viel anderer Form kann nach und nach das Erwachen heraufdämmern in den Seelen; und so sehen wir es im 11. Bilde heraufdämmern für die Seele des Strader. Da haben wir nicht die — wie schon gesagt — greifbar geistigen Seelenkräfte Luna, Philia, Astrid und die andere Philia; da haben wir noch die imaginativen Bilder, die hereinstrahlen die geistigen Ereignisse in das physische Bewusstsein. Jene Stufe des Erwachens der Seele, die so eintreten kann in Strader, sie kann nur dadurch dargestellt werden, dass eine solche imaginative Erkenntnis wie das Bild von dem Schiff im 11. Bilde zur Darstellung gebracht wird." (Vortr. 1)

Strader ist sich seines Entwicklungs-Fortschrittes nicht bewusst, da ihm im gegenwärtig erreichten Lichte sein bisheriges Dasein als finster erscheint und er jetzt als Feigheit erkennen muss, was er vorher für Tapferkeit gehalten hat. Sein Entwicklungs-Fortschritt lag bereits den Erlebnissen zugrunde, die im dritten Bilde dargestellt sind, wo ihm Benedictus und Maria als Gedankenbilder erschienen und er die Worte vernahm: „Wo ist dein Licht? — Du strahlest Finsternis!" und wo er darauf aufmerksam gemacht wurde, dass Schaffensgier in seinem Wesen walte, weil er zu feige sei, sein Licht zu strahlen. Dies Erlebnis hatte bedrückend auf ihn gewirkt. Jetzt erklärt ihm Benedictus, inwiefern es als Ausdruck eines Entwicklungs-Fortschrittes aufzufassen ist. Damit ist aber noch nicht alles ihn Bedrückende überwunden. Grösster Kummer erfüllt ihn, weil ihm das Tatenfeld entrissen scheint, das er für sein Dasein als ebenso notwendig empfindet, wie die Luft zum Leben; denn er kennt den Widerstand des Bureauchefs und dessen Unterstützung durch Romanus, solange er versucht, seinen Plan in Gemeinschaft mit Benedictus' Schülern durchzuführen. Strader hat die feste Überzeugung, nur mit ihrer Hilfe sein Werk in rechter Weise durchführen zu können. Aber er hat von Benedictus erfahren, dass sie noch nicht zur Mitarbeit bereit sind. Jetzt kann Benedictus Strader mitteilen:

> Maria und Johannes sind im Schauen
> Seit kurzem fortgeschritten; was sie noch
> Vorher gehindert, von dem Mystenleben
> Den Schritt ins Sinnensein zu tun, es ist
> Nicht mehr vorhanden; Ziele werden sich
> Im weitern Zeitverlauf für euch und sie
> Gemeinsam finden. — Nicht als Führer, doch
> Als Kräfteschöpfer gilt das Wort des Mysten:
> *Es wird geschehen, was geschehen muss.*
> Deshalb erwarten wir in Wachsamkeit,
> In welcher Art der Geist die Zeichen weist.

Der Hinweis, auf die Zeichen des Geistes zu achten, erinnert Strader an eine Geistesschau, die er kurze Zeit vorher gehabt hat, wobei er sich im Kampfe gegen Romanus und den Bureauchef erblickte, an deren Seite Ahriman erschien. Strader fragt, ob das Bild wohl bedeute, dass äusserer Widerstand der Ausdruck sei für inneren Kampf — für Kampf mit Ahriman, und ob er denn auch für *diesen* Kampf gerüstet sei. Von Benedictus erhält er die Antwort, er werde imstande sein, die Kraft, die ihm dies Bild vor das Seelenauge stelle, zu stärken, und durch das Erstreben dieser Stärkung werde er für sich und für seine Freunde Kräfte schaffen können. Aber wie bereits im vierten Bilde des Dramas, so vermag auch hier Benedictus die Zukunftsentwicklung Straders nicht voll zu durchschauen. Darüber äussert sich Rudolf Steiner im Zyklus „Die Geheimnisse der Schwelle" wie folgt: „Man wird nicht richtig empfinden, was Benedictus im vierten Bilde als eine Beeinträchtigung seines Schauens sagt, wenn man nicht empfindet, wie in dieses Schauen die Kräfte des herannahenden Todes des Strader treten. Man wird nicht richtig empfinden in dem einfachen, aber vielsagenden elften Bilde, wo Benedictus und Strader miteinander sprechen —, wenn man das nicht auffasst auch da in Zusammenhang mit den Worten des Benedictus, die wiederum von einer Beeinträchtigung seines Schauens sprechen ... so dass man etwas Unbestimmtes herannahen fühlt. Es ist die Stimmung des herannahenden Todes Straders ausgegossen über die ganze Entwicklung auch der anderen Personen dieses Dramas vom dritten Bilde ab. Und wenn Sie das zusammenhalten mit dem, was ausgeführt worden ist, über Ahriman als den Herrn des Todes, dann werden Sie zu immer tieferen und tieferen, in die geistigen Geheimnisse hineinkommenden Erkenntnissen gelangen; besonders wenn Sie in Anbetracht ziehen, wie Ahriman hineinspielt in die Stimmung des Dramas, die unter dem Einfluss der Todesimpulse Straders steht." (Vortr. 8.)

Zwölftes Bild

Im zwölften Bilde des Dramas sehen wir Ahrimans Wirken in besonders eindrucksvoller Weise dargestellt. Das Bühnenbild zeigt uns das Innere der Erde mit Gebilden, die nach mineralischen Gesetzmässigkeiten gestaltet sind. Ahrimans Wirkensgebiet ist ja vor allem das Mineralreich, wo die Todeskräfte walten. Das beschreibt Rudolf Steiner im Zyklus „Die Geheimnisse der Schwelle" wie folgt: „Man kann Ahriman ganz gut charakterisieren, wenn man sagt: Ahriman ist im weitesten Umkreis der Herr des Todes, der Beherrscher all der Mächte, welche herbeiführen sollen innerhalb der physisch-sinnlichen Welt dasjenige, was notwendig in dieser physisch-sinnlichen Welt da sein muss als Vernichtung, als Tod der Wesenheiten. Der Tod innerhalb der Sinneswelt gehört zu den notwendigen Einrichtungen, da die Wesenheiten die Sinneswelt überwuchern würden, wenn innerhalb der Sinnewelt nicht Vernichtung und Tod vorhanden wäre. Die Aufgabe, diesen Tod in entsprechender Weise aus der geistigen Welt heraus gesetzmässig zu regeln, fiel Ahriman zu; er ist der Herr der Regulierung des Todes. Sein ihm im eminentesten Sinn zukommendes Reich ist die mineralische Welt. Die mineralische Welt ist immer tot; der Tod ist sozusagen ausgegossen über die ganze mineralische Welt. Aber so, wie unsere Erdenwelt ist, ist das mineralische Reich, die mineralische Gesetzmässigkeit, auch in alle anderen Naturreiche hineingegossen. Die Pflanzen, die Tiere, die Menschen, insofern sie den Naturreichen angehören, sie alle sind durchsetzt von dem Mineralischen, nehmen die mineralischen Stoffe auf, damit auch die mineralischen Kräfte und Gesetzmässigkeiten, und unterliegen den Gesetzen des Mineralreiches, insofern dieses dem Mineralreich angehört. Damit erstreckt sich das, was zum berechtigten Tod gehört, auch in diese höheren Reiche der rechtmässigen Herrschaft des Ahriman. In dem, was als äussere Natur uns umgibt, ist Ahriman der rechtmässige Herr des Todes, und insofern er dieses ist, ist er nicht als eine böse, sondern als eine durchaus in der allgemeinen Weltordnung begründete Macht anzuerkennen." (Vortrag 2)

Im Gebiete des Denkens kann Ahriman nicht die gleiche Berechtigung zugesprochen werden. Das beschreibt Rudolf Steiner im selben Vortrag mit folgenden Worten: „Aber Ahriman kann sein Gebiet überschreiten, er kann es vor allen Dingen zunächst so überschreiten, dass er sich an das menschliche Denken heranmacht. Der Mensch, der nicht in die geistige Welt hineinblickt und kein Verständnis für sie hat, wird ja nicht glauben, dass Ahriman in ganz realer Weise sich an das menschliche Denken heranmacht. Er macht sich heran. Insoferne dieses menschliche Denken in der Sinneswelt lebt, ist es an das Gehirn gebunden, das der Vernichtung verfallen muss nach der allgemeinen Weltenordnung. Da hat Ahriman zu regulieren diesen Gang des menschlichen Gehirns nach der Vernichtung hin. Wenn er nun sein Gebiet überschreitet, dann bekommt er die Tendenz, die Intention, das Denken abzulösen von seinem sterblichen Instrument, dem Gehirn; es zu verselbständigen, loszureissen das physische Denken, das Denken, das auf die Sinneswelt gerichtet ist, von dem physischen Gehirn, in dessen Vernichtungsstrom dieses Denken sich hineinergiessen sollte, wenn der Mensch durch die Pforte des Todes geht. Ahriman hat die Tendenz, wenn er den Menschen hineinlässt als physisches Wesen in die Strömung des Todes, loszulösen von dieser Vernichtungsströmung das Denken, und das macht er das ganze Leben hindurch, dass er immer in dieses Denken fasst mit seinen Krallen und den Menschen so bearbeitet, dass das Denken sich losreissen will von der Vernichtung. Weil Ahriman so im menschlichen Denken wirksam ist und die Menschen natürlich, die an die Sinneswelt gebunden sind, nur die Wirkungen der geistigen Wesenheiten verspüren, fühlen die Menschen, die in dieser Weise Ahriman am Kragen hat, den Drang, das Denken loszureissen von seinem Eingefügtsein in die grosse Weltenordnung. Und das macht die materialistische Stimmung, das macht es, dass die Menschen anwenden wollen das Denken nur auf die Sinneswelt. Am meisten sind diejenigen Menschen besessen von Ahriman, die an keine geistige Welt glauben wollen; denn Ahriman ist es, der ihr Denken verlockt, verführt, in der Sinneswelt zu bleiben. – Für die menschliche Seelenstimmung hat das zunächst, wenn der Mensch nicht praktischer Okkultist geworden ist, nur die Folge, dass er ein grobklotziger Materialist wird und nichts von der geistigen Welt wissen will. Er ist dazu gerade verlockt von Ahriman, den er nur nicht merkt."

Solch ein materialistischer Mensch, der nicht merkt, dass Ahriman ihn verlockt, wird im Drama durch Ferdinand Reinecke dargestellt. Ahriman benutzt seine Seele, um dem Geistesschaffen entgegenzuwirken, das durch den Fortschritt der Schüler des Benedictus möglich geworden ist.

Maria und Johannes kennen schon Ahriman zu gut, als dass er hoffen könnte, sie direkt zu beeinflussen. Er braucht als seine Diener Menschen, die ihn nicht erkennen und die das, was der Geistesforscher über ihn berichtet, für ein Hirngespinst halten. Diesen Anforderungen entspricht Ferdinand Reinecke. Er dünkt sich so gescheit, dass Ahriman für ihn nur ein dummer Narrentrug ist. Bewusst würde er ihm nicht dienen wollen. Während des Schlafes jedoch kann Ahriman ihn inspirieren. Eine Erklärung über Ahrimans Einfluss auf schlafende Menschen gibt Rudolf Steiner im Vortrag vom 12. November 1922, wo er sagt: „Wenn wir während des Tages unser Bewusstsein haben, so haben wir ja, wenn wir nicht in die materialistischen Vorstellungen der modernen Menschheit uns einspinnen, eine moralische und eine religiöse Grundlage unseres Lebens. Nicht wahr, der Mensch muss fühlen, ausserdem, dass er Naturerkenntnis hat, dass er moralische Verpflichtungen, Verantwortungen hat und ferner, dass er mit seinem ganzen Wesen in einer geistigen Welt darinnen ruht. Das letztere können wir nennen das religiöse Bewusstsein. Dieses moralische und religiöse Bewusstsein hat der Mensch während des Wachzustandes. Aber das religiöse Bewusstsein hat der Mensch im Wachen nur dadurch, dass er in seinem physischen Leibe ist. In diesem physischen Leibe ist ja der Mensch nicht allein, sondern es sind mit ihm zusammen Geister höherer Weltordnungen, und er lebt in seinem physischen Leibe zusammen mit Geistern höherer Weltordnungen. Und er lebt in seinem ätherischen Leibe zusammen mit demjenigen, was diese Geister höherer Weltordnungen mit dem Moralischen meinen. – Also das religiöse Bewusstsein des Menschen ist abhängig von seinem Leben im physischen Leibe, im physischen Körper; das moralische Leben ist abhängig von dem Leben im ätherischen Körper... Und wenn wir nun beim Einschlafen aus unserem physischen und Ätherleib herausgehen, dann haben wir als geistig-seelische Menschenwesen nichts anderes, als was wir uns zunächst während des irdischen Lebens durch das Anschauen der Natur erworben haben. Wir lassen in unserem Bette – so paradox das klingt – auch die religiöse Empfindung und die moralische Empfindung zurück mit dem physischen und dem Ätherleibe, und wir leben als ein amoralisches Wesen zwischen dem Einschlafen und dem Aufwachen. – Aber nun, sehen Sie, in dieser Zeit leben wir in einer Welt, die sonst von dem Sonnenlichte durchschienen ist. Und dadurch, dass die moralische Weltordnung aus dem Äther heraussen ist, dadurch hat Zugang zu diesem Äther, in den wir uns mit dem Einschlafen hineinbegeben, die ahrimanische Wesenheit. Diese ahrimanische Wesenheit spricht zu den Menschen während des Schlafes. Und was diese ahrimanische Wesenheit spricht, das ist im Grunde genommen eine fatale Sache; denn diese ahrimanische Wesenheit wird mit Recht der Lügengeist genannt, aus dem Grunde, weil er dem schlafenden Menschen die Dinge so darstellt, als wenn das Gute bös und das Böse gut wäre."

In früheren Zeiten waren die Menschen nicht derart dem ahrimanischen Einflusse während des Schlafes ausgesetzt wie gegenwärtig. Rudolf Steiner sagt im selben Vortrag: „Erst in unserem Zeitalter sind die Menschen im höchsten Grade während des Schlafes den dämonischen Mächten ausgeliefert, die ihnen das Böse, während sie schlafen, als gut vorstellen. Das war in älteren Zeiten der Menschheits-Entwicklung nicht der Fall. In älteren Zeiten der Menschheits-Entwicklung hatte der Mensch, wie ich Ihnen oftmals gesagt habe, kein so starkes Ich-Bewusstsein wie jetzt. Er hatte während des Tagwachens ein schwächeres Ich-Bewusstsein; das bewirkte, dass er während des Schlafes auch nicht so rein in das Böse hineinsegelte, wie er es jetzt tut. Jetzt haben wir in der Tat für die Menschheits-Entwicklung ein entscheidendes Zeitalter, eine Krisis. Die Menschen müssen sich wappnen gegen die Mächte des Bösen, die an sie herantreten. Davor waren die Menschen der älteren Zeiten geschützt; denn indem sie einschliefen, gingen sie mehr in die Gruppenseele hinein. Da lebte der Mensch während des Schlafes mehr in der Gruppenseele."

Je mehr die Ich-Entwicklung fortschreitet, um so weniger sind die Menschen während des Schlafes vor dem Einfluss Ahrimans geschützt. Als Individualitäten können sie eine neue Abwehrkraft gegen Ahriman durch den Christus-Impuls finden. Das gilt nicht nur für das Schlafesleben, sondern auch für das Leben zwischen dem Tod und einer neuen Geburt. Gerade weil Straders Ich-Bewusstsein so stark entwickelt ist, besteht für ihn die Gefahr, nach dem Tode dem Einfluss Ahrimans zu verfallen. Dieser Gefahr ist dadurch entgegengewirkt worden, dass Theodora in ihm das Christus-Bewusstsein geweckt und wachgehalten hat. Daher ist es bedeutungsvoll, dass Theodora in dem Gebiete erscheint, wo Ahriman die schlafenden Seelen inspiriert — und dass sie zu ihm sagt:

> Du magst an Strader dringen, doch bin *ich*
> An seiner Seite; da er mich gefunden,
> Auf lichtem Seelenpfade, ist er mir
> Vereint, ob er im Geistgebiet, ob er
> Im Erdbereich das Leben führen muss.

Ahriman sieht sich daraufhin genötigt zu sagen:

> Wenn sie ihn wirklich nicht verlässt, so lang'
> Er noch auf Erden weilt, wird mir der Kampf
> Verloren sein; doch kann ich wohl noch hoffen
> Dass er zuletzt sie doch vergessen könnte.

Dreizehntes Bild

Hilarius erlebt nun die erdrückende Macht, mit der Ahriman dem von ihm geplanten Liebeswerk entgegenwirkt. In seinem Gespräch mit Romanus kommt das zum Ausdruck durch die Worte:

> Ich muss euch schmerzlich sagen, lieber Freund,
> Dass mich der Schicksalsknoten, der sich hier
> In unserm Kreise formt, beinah' zerdrückt.

Als Gründe für die Schwierigkeit der Situation gibt Hilarius an, dass Romanus die Schüler des Benedictus von seinen Zielen ferngehalten habe und dass in Straders Mechanismus ein Fehler nachgewiesen worden sei. Im vorangehenden Bilde ist gezeigt, wie dies letztere durch eine ahrimanische Inspiration veranlasst worden ist. Aus den früheren Bildern ist zu ersehen, dass Romanus mit dem Fernhalten der Freunde des Benedictus von Straders und Hilarius' Plan wohl auf Grund einer klaren Erkenntnis handelte, aber nur die berechenbare Weiterentwicklung in Betracht zog und somit im Einflussgebiete Ahrimans blieb. Durch das Erwachen der Seele bei Maria und Johannes ist eine Situation entstanden, die nicht der berechnenden Vorschau des Romanus entspricht. Hilarius weiss noch nichts von dieser neuesten Entwicklung und erlebt daher nur die erdrückende Macht Ahrimans. Dabei erkennt er seinen Mangel an Tatgedanken und seine Seelenöde, und er zweifelt an der Zuverlässigkeit seiner Geistesschau, weil er glaubt, dass sie ihn bei Strader getäuscht habe. Dies letztere gibt Romanus nicht zu. Durch das schmerzvolle Erleben früherer Irrtümer in der Geistesschau des Hilarius hat er ein sicheres Unterscheidungsvermögen für Irrtum und Wahrheit ausgebildet. So kann er jetzt mit Bestimmtheit sagen, dass Hilarius sich in seiner Geistesschau gegenüber Strader nicht getäuscht hat. Selbst die Bestätigung von Straders Irrtum würde Romanus in seinem Urteil über ihn nicht wankend machen. Er weiss, dass der Mensch durch die Erkenntnis von Irrtümern zur Wahrheit gelangt, und zwar besonders beim Erstreben übersinnlicher Erkenntnisse.

Auf das Erleben von Irrtümern beim Suchen übersinnlicher Erkenntnis hat Rudolf Steiner in dem Buche „Ein Weg zur Selbsterkenntnis" wie folgt hingewiesen: „So kommt die Seele dazu, sich im Gegensatz zur übersinnlichen Welt zu fühlen, sie muss sich sagen, du bist nicht so, wie du mit dieser Welt zusammenfliessen kannst. Sie aber kann dir nur die wahre Wirklichkeit zeigen und auch, wie du selbst zu dieser wahren Wirklichkeit dich verhältst; du hast dich also von dem echten Beobachten des Wahren abgetrennt. Dieses Gefühl bedeutet eine Erfahrung, welche immer mehr über den ganzen Wert der eigenen Seele entscheidend wird. Man fühlt sich mit seinem vollen Leben in einem Irrtum drinnen stehend. Doch unterscheidet sich dieser Irrtum von anderen Irrtümern. Diese werden gedacht, er aber wird erlebt. Ein Irrtum, der gedacht ist, wird weggeschafft, wenn man an die Stelle des unrichtigen Gedankens den richtigen setzt. Der erlebte Irrtum ist ein Teil des Seelenlebens selbst geworden; man *ist* der Irrtum; man kann ihn nicht einfach verbessern; denn man mag denken, wie man will, er ist da, er ist ein Teil der Wirklichkeit. Ein solches Erlebnis hat etwas Vernichtendes für das eigene Selbst. Man empfindet seine Innerlichkeit schmerzvoll zurückgestossen von allem, was man ersehnt. Dieser Schmerz, der auf einer Stufe der Seelenwanderschaft empfunden wird, überragt weit alles, was man an Schmerzen in der Sinnenwelt empfinden kann. Und deshalb kann er auch alles das überragen, dem man durch das bisherige Seelenleben gewachsen ist. Er kann etwas Betäubendes haben. Die Seele steht vor der bangen Frage: Woher soll ich die Kräfte nehmen, um zu ertragen, was mir da auferlegt ist? Und sie muss innerhalb ihres eigenen Lebens diese Kräfte finden. Sie bestehen in etwas, das man als inneren Mut, als innere Furchtlosigkeit bezeichnen kann."

Romanus sieht Straders schmerzhaftes Erleben des Irrtums im Zusammenhang mit seinem Eintritt in die geistige Welt. Er ahnt ihn „im Kampfe, der die Geistespforten öffnet", und da er seinen inneren Mut und seine Furchtlosigkeit kennt, ist er von dem für ihn siegreichen Ausgang des Kampfes überzeugt. Er sagt:

> Doch Strader glaub ich gut genug zu kennen.
> Der wird sich mutvoll zu der Einsicht wenden,
> Dass Selbsterkenntnis Schmerzen zeugen muss.
> Es wird der Wille ihm Genosse werden,
> Der mutig sich der Zukunft übergibt
> Und, durch der Hoffnung Kräftequell gestärkt,
> Erkenntnisschmerzen sich entgegenstellt.

Damit gebraucht Romanus die Worte, die er im letzten Bilde des 2. Mysteriendramas im Tempel als Entwicklungsbedingung für Capesius ausgesprochen hat. Hier will er zeigen, dass Strader diese Bedingung erfüllt. Hilarius hat die Worte oft im Tempel gehört; aber erst jetzt versteht er ihren geheimen Sinn. Im Hinblick auf dies Erwachen zu tieferem Verständnis sagt Rudolf Steiner im Zyklus „Die Geheimnisse der Schwelle": „Und in noch anderer Form kann sich allmählich das Erwachen der Seele vorbereiten. Das wieder finden Sie — und jetzt wohl gedacht, *nachdem* Ahriman vorgeführt worden ist im 12. Bilde in seiner tieferen Bedeutung —, das finden Sie angedeutet im 13. Bilde im Gespräch zwischen Hilarius und Romanus. Da ist der Seelenblick zu wenden auf das, was vorgegangen ist in der Seele des Hilarius von den Geschehnissen des „Hüters der Schwelle" an bis zu denen in „Der Seelen Erwachen" und was sich ausdrückt in den Worten des Hilarius:

> Habt Dank, mein Freund, für diese Mystenworte.
> Ich habe sie schon oft gehört; jetzt erst
> Erfühle ich, was sie geheim enthalten.
> Der Welten Wege sind nur schwer ergründlich. —
> Und mir, mein lieber Freund, geziemt zu warten,
> Bis mir der Geist die Richtung zeigen will,
> Die meinem Schauen angemessen ist.

Was sagt Romanus für Worte? Er sagt die Worte, die Hilarius immer wieder und wiederum hören konnte von dem Platz aus, an dem im Tempel Romanus steht, die Romanus oft und oft an diesem Platz gesprochen hat, die vor dem Seelenblick des Hilarius bis zu diesem Erlebnis vorbeigezogen waren ohne jenes tiefere Verständnis, das man Lebensverständnis nennen kann. Das ist auch schon ein Stück Erwachens der Seele, wenn man sich durchgerungen hat zum Verständnis dessen, was man in Gedankenform aufgenommen, es recht gut verstanden haben kann und vielleicht sogar Vorträge darüber halten kann, und es doch nicht in lebendigem Lebensverständnis hat. Man kann ja alles das, was in der Theosophie verkündet wird, was Bücher, Vorträge und Zyklen enthalten, in sich aufgenommen haben, kann es sogar anderen mitteilen, vielleicht zum grossen Nutzen derselben mitteilen, und kann doch darauf kommen: So verstehen, wie Hilarius die Worte des Romanus versteht, kann man sie erst nach einem gewissen Erlebnis, auf das man in Ruhe bis zu einem gewissen Grade des Erwachens in der Seele warten muss." (Vortr. 1)

Immer wieder sehen wir, wie das Erkennen von Irrtümern dem Erwachen der Seele vorangeht. Capesius erkennt jetzt seinen Irrtum über die wahre Mystenstimmung, die er vorher als unvereinbar mit Straders Bestrebungen gehalten hatte. Ihm ist Strader in der Geistesschau erschienen und hat hingewiesen auf diese Stimmung, die im 3. Bilde des Dramas von Felix Balde in Übereinstimmung mit Capesius charakterisiert worden ist durch die Worte:

Erstreben nichts; — nur friedsam ruhig sein;
Der Seele Innen-Wesen ganz Erwartung — —.

Dort hatte Felix Balde hinzugefügt: „Das äuss're Werk verträgt nicht solche Stimmung." Jetzt hat Capesius in der Geistesschau hinsichtlich dieser Stimmung die Worte vernommen:

— — — — — — — — Sie erweckt
Sich selbst — ganz ungesucht im Lebensstrom,
Wenn sich die Menschenseele recht erkraftet, —
Wenn sie gedankenkräftig geistig sucht.
Die Stimmung kommt in stillen Stunden oft,
Doch auch im Tatensturm; sie will dann nur,
Dass nicht gedankenlos die Seele sich
Dem zarten Schau'n des Geistgeschehns entzieht.

Felix Balde, dem Capesius seine Geistesschau mitteilt, ist noch nicht imstande, seinen bisherigen Irrtum zu erkennen. Capesius hingegen gelangt durch die Überwindung des Irrtums zu einem Erwachen der Seele, was dadurch zum Ausdruck kommt, dass ihm Philia jetzt in ihrer geistigen Realität erscheint. Auf die Wichtigkeit dieses Erlebnisses deutet Rudolf Steiner im Zyklus „Die Geheimnisse der Schwelle" mit folgenden Worten: „Dadurch, dass immer mehr und mehr wirkten die die Seelenkräfte befruchtenden Märchen, die aus der geistigen Welt heraus inspiriert sind, dadurch kam Capesius selber dahin zu erleben, dass seine Seelenkräfte innerlich erstarkten, dass seine Seelenfähigkeiten innerlich erkraftet wurden. Das ist dargestellt im 13. Bilde von ‚Der Seelen Erwachen", wo die eine Seelenkraft in Capesius, die mit der Philia gemeint ist, ihm wirklich geistig greifbar entgegentritt, nicht bloss als abstrakte Seelenkraft." (Vortr. 5)

An anderer Stelle bringt Rudolf Steiner dieses Erlebnis in Beziehung zu Marias und Johannes' Erwachen der Seele, indem er sagt: „Und immer und immer wiederum muss gesagt werden, dass dies Erwachen in verschiedener Weise geschieht. Dadurch geschieht es für Maria, dass durch besondere Dinge jene Seelenkräfte, die ihren leibhaftigen Ausdruck finden in Luna und Astrid, vor Marias Seele hintreten; dadurch geschieht es für Johannes Thomasius, dass in ihm ein Erlebnis wird das verzauberte Wesen des inneren Wesens, wie es greifbar geistig — wenn der absurde Ausdruck gebraucht werden darf — in der anderen Philia vor ihn hintritt; und wiederum in anderer Weise für Capesius durch Philia." (Vortr. 1)

Von allgemeiner Bedeutung für eine Selbsterkenntnis, welche die Erkenntnis des Schicksals mit umfasst, sind Philias Worte:

Capesius, wenn bald du achten wirst,
Was ungesucht im Suchen sich dir weist,
Wird dich der vielen Farben Licht erkraften;
Es wird dich bilderwesenhaft durchdringen,
Weil dir's die Seelenkräfte offenbaren.
Was deines Selbstes Sonnenwesen strahlt,
Wird dir Saturns gereifte Weisheit dämpfen.
Es wird sich deinem Schauen dann enthüllen,
Was du als Erdenmensch begreifen kannst.

Felix Balde steht diesen Worten verständnislos gegenüber. Capesius versteht sie, und er beschliesst, der in ihnen enthaltenen Weisung zu folgen.

Vierzehntes Bild

Trotz seiner scheinbaren Misserfolge tritt Strader immer mehr in den Mittelpunkt des Interesses. Was die einzelnen Personen des Dramas erreichen, wird zu seinem Streben in Beziehung gebracht. Die durch dies Streben gestellten Aufgaben haben Capesius und Johannes geholfen, ihre Weltflucht zu überwinden. Bei Johannes hatte die Vorbereitung für ein Erdenwirken aus Geistesimpulsen im Sinne Straders schon im ersten Mysteriendrama begonnen, indem ihm dort im Geistgebiete nicht nur die Kräfte zum Höhenfluge, sondern auch zum Erdenwirken übermittelt wurden. Allerdings vermochte er diese letzteren Kräfte zuerst nur im Gebiete der Kunst anzuwenden. Ein weiterer Fortschritt war die von ihm vollzogene Durchdringung der auf Sinneswahrnehmung beruhenden Wissenschaft mit neuer Geisteserkenntnis. Aber dies genügte nicht für die Verwirklichung der Ziele Straders, das soziale Leben durch die neuen Geistesimpulse umzuwandeln. Dafür war erforderlich, dass Johannes und Maria die Weltenmitternacht bewusst erlebten und dass sie sich im Sinnesdasein daran erinnerten. Als dies geschehen war, konnte Benedictus sagen:

Maria und Johannes sind im Schauen
Seit kurzem fortgeschritten; was sie noch
Vorher gehindert, von dem Mystenleben
Den Schritt ins Sinnensein zu tun, es ist
Nicht mehr vorhanden . . .

Diese Tatsache wurde von Benedictus in ihrer Bedeutung für Straders Wirken gewürdigt.

Es folgte dann die Darstellung der von Ahrimans Gebiet im Erdinneren ausgehenden verstärkten Gegenwirkung gegen Strader und der bis in dies Gebiet reichenden Hilfe Theodoras. — Das im folgenden Bilde stattfindende Gespräch zwischen Hilarius und Romanus führte zu einem gewissen Erwachen des Hilarius durch Worte, die Romanus im Hinblick auf Strader sprach. — Noch stärker zeigte sich Straders Einfluss beim Erwachen der Seele, das Capesius erlebte.

Jetzt im vierzehnten Bilde des Dramas sehen wir Frau
Hilarius im Gespräch mit dem Bureauchef. Auch hier wird
das Gespräch sehr bald auf Strader gelenkt. Der Bureauchef
bringt zum Ausdruck, dass es ihm bedrückend sein würde,
sich Strader an die Seite gestellt zu sehen. Dennoch gibt er
zu, dass die Worte, die Romanus zu ihm über Strader gesprochen hat, für ihn zum Anfang seiner eigenen Geistes-
schulung geworden sind. Aber er hält sich an das ihm von
Romanus über Strader und dessen Freunde vermittelte Urteil,
wonach Straders Plan nur gelingen könnte, wenn er ohne Mitwirkung seiner Freunde ausgeführt würde. Frau Hilarius
versucht, den Bureauchef zu überzeugen, dass Straders
eigenes Urteil über seine Freunde höher zu bewerten sei, als
das des Romanus. Während darauf der Bureauchef betont,
dass ihm Romanus' Urteil wie der feste Boden vorkomme,
auf dem er stehen könne, wird die Nachricht von Straders
Tod gebracht. Sie erschüttert den Bureauchef derart, dass
man den Eindruck gewinnt, auch bei ihm bereite sich ein
Erwachen der Seele vor. Er sagt:

> Gestorben Strader! — Ist dies Wirklichkeit?
>
> —————————————————
>
> Berührt der Geistesschlaf mich schon, von dem
> Ich viel gehört? — Ein ernstes Antlitz zeigt
> Die Schicksalsmacht, die hier die Fäden lenkt.
> Oh, meine kleine Seele, welche Kraft
> Ergriff wohl deinen Schicksalsfaden jetzt,
> Dass er an diesem Knoten Anteil hat?
>
> —————————————————
>
> *Es wird geschehen, was geschehen muss!*
>
> —————————————————
>
> Warum verliessen diese Worte mich
> Seit jener Stunde nicht, in der sie Strader
> Vor Gottgetreu und mir gesprochen hat?
> Wie wenn sie ihm aus andrer Welt gekommen,
> So klangen sie; — wie geistentrückt gesprochen! —
> Was sollte denn geschehn? — Ich fühle wohl,
> Die Geisteswelt hat damals mich ergriffen.
> In jenem Worte — klingt mir ihre Sprache —;
> Sie klingt mir ernst; — wie lern ich sie versteh'n?

Diese Worte lassen erkennen, dass Straders Wesen über den
Tod hinaus mächtige Wirkungen ausübt.

Fünfzehntes Bild

In einem Gespräch zwischen Straders Pflegerin und Hilarius Gottgetreus Sekretär hebt dieser vor allem Straders Fähigkeiten für äusseres Wirken hervor, während die Pflegerin
voll Bewunderung ist für die Kraft der Liebe, die sein innerstes
Wesen durchdrungen hatte.

Auf dem in den Mysteriendramen dargestellten Ein-
weihungswege geht die innere Umwandlung dem äusseren
Wirken voraus. Sie wird in dem Herrschaftsgebiete Luzifers
vollzogen, wo der Mensch das Götterfühlen erringen kann
durch die Selbstüberwindung, aus der das höhere Selbst
siegreich hervorgeht. Im Verlaufe der vier Mysteriendramen
haben wir Strader nicht in diesem Gebiete angetroffen, und
dennoch konnten wir den Eindruck gewinnen, dass in ihm das
Götterfühlen lebte, das als Kraft der Liebe sein selbstlos auf
äusseres Wirken gerichtetes Denken befeuerte. Es ist wohl
anzunehmen, dass er den im Reiche Luzifers stattfindenden
Teil der Einweihung bereits in einem früheren Erdenleben
durchgemacht hatte, da ja sein Tun jetzt ganz von dieser Liebe
befeuert war, was zum Ausdruck kommt in den Worten der
Pflegerin:

— — — —; seine Lust nach Taten,
Sie war doch Liebe, — die sich viele Formen
Im Leben schafft, um sich zu offenbaren.

Im Zyklus über das Matthäus-Evangelium spricht Rudolf Steiner im Zusammenhang mit dem Christus-Ereignis
von den zwei Seiten der Einweihung, welche die innere Umwandlung und das äussere Wirken betreffen. Er sagt: „Das
Christus-Ereignis bedeutet für den Menschen den Ausgangs-
punkt, in freier Weise hinunterzusteigen in den physischen
Leib und Ätherleib, ebenso wie hinauszudringen in den
Makrokosmos, in die grosse Welt. Einmal musste in umfassen-
der Weise durch ein Wesen höchster Art, wie es der Christus

Jesus ist, das Hinuntersteigen in den physischen Leib und Ätherleib, ebenso wie das Hinausgehen in den Makrokosmos geschehen. Und das ist eigentlich im Grunde das Christus-Ereignis, dass dieses umfassende Wesen des Christus es gleichsam der Menschheit ‚vormachte‘, was nun im Verlaufe der Reife der Erdenentwicklung wenigstens eine genügend grosse Anzahl von Menschen erreichen kann. Dazu war notwendig, dass einmal dieses Ereignis eintrat... Nun wird im Matthäus-Evangelium geschildert, wie die Christus-Wesenheit wirklich nach der Johannes-Taufe hinuntersteigt in den physischen Leib und Ätherleib. Und die Darstellung dieses Ereignisses ist die Geschichte von der Versuchung. Wir werden sehen, wie diese Versuchungsszene in allen Einzelheiten die Erlebnisse wiedergibt, die der Mensch überhaupt hat, wenn er in den physischen Leib und Ätherleib hinuntersteigt. Da also ist das Hineinfahren des Christus in einen menschlichen physischen Leib und Ätherleib, das *Zusammengedrängtsein auf die menschliche Ichheit*, vorgelebt im Menschen, so dass es möglich ist zu sagen: So kann es sein; das alles kann euch begegnen! Wenn ihr euch an den Christus erinnert, wenn ihr Christus-ähnlich werdet, so habt ihr die Kraft, all diesem zu begegnen, selbst zu überwinden alles, was da aus dem physischen Leib und Ätherleib heraufströmt!"

Anschliessend beschreibt Rudolf Steiner eingehend, was beim Christus-Ereignis dem zweiten Teil der Einweihung entspricht, und gibt am Schlusse des Vortrages folgende Zusammenfassung: „Damit haben wir Anfang und Ende des eigentlichen Christus-Lebens, das beginnt bei der Geburt des Christus in jenem Leibe, von dem wir gesprochen haben bei der Johannes-Taufe. Da beginnt es mit der einen Seite der Initiation: mit dem *Hinuntersteigen in den physischen Leib und Ätherleib* in der Versuchungs-Geschichte. Und es schliesst bei der anderen Seite der Initiation: *der Ausbreitung in den Makrokosmos*, die mit der Szene des Abendmahles beginnt und weiter dargestellt wird in dem Vorgang der Geisselung, Dornenkrönung, Kreuzigung und Auferstehung."

Im ursprünglichen Christentum wurden diese beiden Seiten der Einweihung deutlich unterschieden. Bei der auf die Taufe folgenden inneren Umwandlung durch den Christus-Impuls waren Versuchungen zu bestehen. Beim äusseren

Wirken, das zur Ausbreitung in den Makrokosmos gehört, galt es, die Christusliebe und das Christusbewusstsein im Leiden und im Tode zu bewahren. Dass in Strader die Christusliebe bis zu seinem Tode wirkte, geht hervor aus den Worten der Pflegerin:

> Sein letztes Denken galt dem Werke noch,
> Dem er in Liebe sich gewidmet hatte. —

Auch das Christusbewusstsein, das in Theodora zu einer die Menschheitsziele offenbarenden Christus-Schau geworden ist, verliess Strader nicht bei seinem Tode. Die Pflegerin sagt im Hinblick auf Theodora:

> Sie stand im Tode noch vor ihm. — Von ihr
> Zu seines Werks Vollendung abberufen
> Nach Geisteswelten, so erschien er sich.

Die Pflegerin übergibt dem nun eintretenden Benedictus die von Strader kurz vor seinem Tode geschriebenen Zeilen. Während Benedictus sie liest und sich mit Straders Wesen zu verbinden sucht, erlebt er, dass ein Geisteswesen sich ihm nähert, ihm die letzten Worte des Briefes wie mit einem Chaos zudeckt und ihm verspricht, weitere Kunde von Strader zu bringen. Diese Stelle des Dramas zeigt, wie schwer zu erkennen ist, ob etwas, das sich als Kunde von Verstorbenen anbietet, Vertrauen erhalten darf. Benedictus stellt den von ihm zuerst nicht erkannten Geistesboten auf die Probe, indem er sagt:

> Wer du auch seist, dem Guten dienst du nur,
> Wenn du in dir nicht selber streben willst,
> Wenn du im Menschendenken dich verlierst,
> Und so im Weltenwerden neu erstehst.

Im Hinblick auf die Wirkung dieser Worte sagt Rudolf Steiner im Vortrag vom 25. Oktober 1915: „Nehmen Sie die letzte Szene zwischen Benedictus und Ahriman in dem Mysteriendrama ‚Der Seelen Erwachen‘. Bevor Ahriman verschwindet, sagt er die Worte:

> Es ist jetzt Zeit, dass ich aus diesem Kreise
> Mich schnellstens wende; denn sobald sein Schauen
> Mich auch in meiner Wahrheit *denken* kann,
> Erschafft sich mir in seinem Denken bald
> Ein Teil der Kraft, die langsam mich vernichtet.

Darin liegt ein tiefes Geheimnis, das derjenige, der sich für die Geisteswissenschaft interessiert, erkennen soll. Die Menschen müssen sich bestreben, gegen die Zukunft zu ihren Verstand richtig, richtig individuell handhaben zu lernen, ihren Verstand nie unbewacht zu lassen, ja, niemals ihren Verstand unbewacht zu lassen. Das ist sehr notwendig, und es ist gut, wenn man weiss, in wie schönen, starken, vollen Worten Ahriman an die Menschen herantritt und versucht, den Menschen den Verstand zu entwinden. — Immer mehr werden die Menschen es nötig haben, auf solche Momente zu achten. Denn gerade solche Momente benutzt Ahriman zu seinem Handwerk, wo der Mensch bei vollem Tagwachen in eine Art von Schwindelzustand kommt, in einen bewussten Dämmerungszustand, wo er sich nicht recht heimisch fühlt in der physischen Welt, wo er beginnt, sich dem Zirkeltanz des Universums zu überlassen, wo er nicht mehr gehörig als Individualität auf seinen Beinen und Füssen stehen will. Das sind die Momente, wo man sich hüten muss, denn da bekommt Ahriman leicht Oberwasser. — Wir schützen uns am besten dadurch, dass wir uns bestreben, ein klares und genaues Denken zu entfalten, nicht so einfach hinzuhuschen im Denken über die Dinge, wie das heute gerade gesellschaftlicher Usus ist. Nicht hinwegspringen über die Dinge, sondern klar denken. Man sollte sogar noch weiter gehen, meine lieben Freunde, man sollte sich immer mehr davor hüten, gangbare Redensarten und Worte zu gebrauchen; denn in dem Augenblick, wo man solche Worte gebraucht, die man nicht aus den Gedanken, sondern aus der Sprachgewohnheit heraus hat, wird man, wenn auch nur für einen kurzen Moment, gedankenlos. Und das sind ganz besonders gefährliche Momente. Man sollte darauf achten, dass man es vermeidet, solche Worte, bei denen man nicht genügend nachdenkt, zu gebrauchen. Eine solche Selbsterziehung sollte derjenige, der es mit den Aufgaben der Zeit ernst nimmt, gerade in solchen Intimitäten in ganz hervorragendem Maße in Angriff nehmen." (Die okkulte Bewegung im 19. Jahrhundert)

Benedictus erkennt jetzt deutlich das Wesen Ahrimans. Er weiss, wie Ahriman besiegt und gleichzeitig erlöst werden kann. Straders Bemühungen sind nicht umsonst gewesen.

Er hat durch Stärkung seiner Seelenkräfte den Irrtumsboten zum Verschwinden gezwungen und ist nun imstande, bei der Fortführung des von ihm geplanten Werkes durch seine Freunde kräftig mitzuhelfen. Dies kommt zum Ausdruck in den von Benedictus gesprochenen Schlussworten des Dramas:

> Du aber, Straders sonnenreife Seele,
> Die du durch Stärkung deiner Geisteskräfte
> Den Irrtumsboten zum Verschwinden zwangst,
> Du wirst als Geistesstern den Freunden leuchten,
> Du wirst Marias und Johannes' Sein
> Mit deinem Licht in Zukunft stets durchdringen;
> So werden sie durch dich noch stärker sich
> Zu ihrem Geisteswerke rüsten können,
> Und sich als Seelenlichtes Offenbarer
> Gedankenkräftig auch noch dann bezeugen,
> Wenn über vollerwachtes Geistesschauen
> Der finstre Ahrimann, die Weisheit dämpfend,
> Des Chaos Dunkelheit verbreiten will.

Literaturhinweise

RUDOLF STEINER

Die Geheimnisse der Schwelle. GA 147, 4. Aufl. Dornach 1969.

Inneres Wesen des Menschen und Leben zwischen Tod und neuer Geburt. GA 153, 4. Aufl. Dornach 1959.

Der Orient im Lichte des Okzidents. GA 113, 4. Aufl. Dornach 1960.

Vortrag vom 20. 1. 1923 in: Lebendiges Naturerkennen. GA 220, Dornach 1966.

Vortrag vom 24. 8. 1923 in: Initiations-Erkenntnis. GA 227, 2. Aufl. Dornach 1960.

Der Mensch als Zusammenklang des schaffenden, bildenden und gestaltenden Weltenwortes, Vortrag vom 3. 11. 1923. GA 230, 4. Aufl. Dornach 1970.

Der Jahreskreislauf als Atmungsvorgang der Erde und die vier großen Festeszeiten, Vortrag vom 2. 4. 1923. GA 223, 4. Aufl. Dornach 1976.

Vortrag vom 18. 9.1923 in: Esoterische Betrachtungen karmischer Zusammenhänge, Band IV. GA 238, 4. Aufl. Dornach 1974.

Die okkulten Grundlagen der Bhagavad Gita. GA 146, 3. Aufl. Dornach 1962.

Christus und die menschliche Seele — Über den Sinn des Lebens — Theosophische Moral — Anthroposophie und Christentum. GA 155, Dornach 1960.

Von der Initiation. Von Ewigkeit und Augenblick. Von Geisteslicht und Lebensdunkel. GA 138, 3. Aufl. Dornach 1959.

Vortrag vom 14. 8. 1915 in: Geisteswissenschaftliche Erläuterungen zu Goethes Faust, Band I: Faust, der strebende Mensch. GA 272, 3. Aufl. Dornach 1967.

Das Wesen der Farben. GA 291, 4. Aufl. Dornach 1976.

Vortrag vom 3. 1. 1915: das künftige Jupiterdasein in: Kunst im Lichte der Mysterienweisheit. GA 275, Dornach 1966.

Das Leben zwischen dem Tode und der neuen Geburt im Verhältnis zu den kosmischen Tatsachen (Zyklus 37). GA 141, 3. Aufl. Dornach 1964.

Die Mysterien des Morgenlandes und des Christentums. GA 144, 3. Aufl. Dornach 1960.

Das Lukas-Evangelium. GA 114, 6. Aufl. Dornach 1968.

Das Johannes-Evangelium im Verhältnis zu den drei anderen Evangelien, besonders zu dem Lukas-Evangelium. GA 112, 5. Aufl. Dornach 1975.

Vortrag vom 4. 2. 1923 in: Erdenwissen und Himmelserkenntnis. GA 221, Dornach 1966.

Der Christus-Impuls und die Entwickelung des Ich-Bewußtseins. GA 116, 3. Aufl. Dornach 1961.

Vortrag vom 12. 11. 1922 in: Geistige Zusammenhänge in der Gestaltung des menschlichen Organismus. GA 218, 2. Aufl. Dornach 1976.

Ein Weg zur Selbsterkenntnis des Menschen. GA 16, 6. Aufl. Dornach 1968.

Das Matthäus-Evangelium. GA 123, 5. Aufl. Dornach 1971.

Die Okkulte Bewegung im neunzehnten Jahrhundert und ihre Beziehung zur Weltkultur, Vortrag vom 25. 10. 1915. GA 254, 3. Aufl. Dornach 1969.

Philosophisch-Anthroposophischer Verlag
CH - 4143 Dornach / Schweiz

Erich von Houwald

Rudolf Steiners Mysterien-
dramen

Geisteswissenschaftliche Hinweise

Herausgegeben von der Freien Hoch-
schule für Geisteswissenschaft
Goetheanum

I *Die Pforte der Einweihung*
135 Seiten, kartoniert

II *Die Prüfung der Seele*
80 Seiten kartoniert

III *Der Hüter der Schwelle*
100 Seiten, kartoniert

IV *Der Seelen Erwachen*
112 Seiten, kartoniert

Mysteriendramen
am Goetheanum

Rudolf Steiner und die neue
Bühnenkunst

Herausgegeben von der Sektion für
Redende und Musizierende Künste
am Goetheanum

Inhalt: *Friedrich Hiebel,* Zum Geleit — *Hedwig Greiner,* Mysterien-
dramatik und moderne Einweihung — *Wolfgang Greiner,* Die Gestaltung der Sprache — *Lea van der Pals,* Eurythmie — sichtbare Sprache
im Bühnengeschehen — *Josef Gunzinger,* Musik und Drama — *Werner
Kehlert,* Das Bühnenbild im Gesamtkunstwerk — *Georg Hartmann,*
Zur Entstehungsgeschichte der Mysteriendramen — Szenenfolge und
Personenverzeichnis der vier Dramen.

90 Seiten mit 8 farbigen und 8 Schwarz-Weiß-Abbildungen, kartoniert.

Adelheid Petersen

Rudolf Steiners Mysteriendramen

Welthistorische Zusammenhänge und Inkarnationsgeheimnisse

Inhalt: Zeitperspektiven — StraderSchicksal — Vom Mystenkreis zur Jüngerschaft — Maria — Theodora — Märchen und Mysterium — Das Geheimnis des Johannes Thomasius — Die wiedergewonnene Dreiheit — Christentum der Tat — Der Weg zum Menschheitstempel — Esoterische Dramaturgie.
2. Auflage, 100 Seiten kartoniert

Alice Fels

Studien zur Einführung in die Mysteriendramen Rudolf Steiners

Inhalt: Über die Proben der Mysteriendramen in München — Über den Stil der Mysteriendramen — Über das erste Bild der «Pforte der Einweihung» — Über die Bilder im ägyptischen Tempel in «Der Seelen Erwachen» — Über die Bilder im vorgeburtlichen Geistgebiet in «Der Seelen Erwachen».
80 Seiten, kartoniert

Guenther Wachsmuth

Rudolf Steiners Erdenleben und Wirken

Von der Jahrhundertwende bis zum Tode — Die Geburt der Geisteswissenschaft — Eine Biographie.
3. unveränderte Auflage, 640 Seiten, 46 Abbildungen, Leinen.

Marie Savitch

Marie Steiner-von Sivers

Mitarbeiterin von Rudolf Steiner. Biographie.
Aus dem Inhalt: Kindheit — Die Begegnung mit Rudolf Steiner — Die Erneuerung der Mysterien — «Die Kunst der Rezitation und Deklamation» — England — Die Sektion von Marie Steiner — «Faust».
190 Seiten, mit Abbildungen, Leinen.